Demand Prediction in Retail

零售业
需求预测

[以]马克西姆·C.科恩
[法]保罗-埃米尔·格拉斯
[美]阿瑟·庞特科斯蒂
张任宇　　　　　　　　著

罗敏　张莲民　朱妍　译

南京大学出版社

First published in English under the title
Demand Prediction in Retail: A Practical Guide to Leverage Data and Predictive Analytics
by Maxime C. Cohen, Paul-Emile Gras, Arthur Pentecoste and Renyu Zhang, edition: 1
Copyright © Maxime C. Cohen, Paul-Emile Gras, Arthur Pentecoste, Renyu Zhang
This edition has been translated and published under licence from Springer Nature
Switzerland AG.

Simplified Chinese Edition Copyright 2024 by NJUP
All rights reserved.

江苏省版权局著作权合同登记 图字：10-2023-49号

图书在版编目（CIP）数据

零售业需求预测 /（以）马克西姆·C.科恩
(Maxime C. Cohen) 等著；罗敏，张莲民，朱妍译. —
南京：南京大学出版社，2024.6
书名原文：Demand Prediction in Retail
ISBN 978-7-305-27338-4

Ⅰ.①零… Ⅱ.①马… ②罗… ③张… ④朱… Ⅲ.
①零售业－顾客需求－市场预测 Ⅳ.①F713.32

中国国家版本馆 CIP 数据核字（2023）第229053号

出版发行　南京大学出版社
社　　址　南京市汉口路22号　　邮　编　210093
书　　名　零售业需求预测
　　　　　LINGSHOUYE XUQIU YUCE
著　　者　[以] 马克西姆·C.科恩　　[法] 保罗-埃米尔·格拉斯
　　　　　[美] 阿瑟·庞特科斯蒂　张任宇
译　　者　罗　敏　张莲民　朱　妍
责任编辑　巩奚若
照　　排　南京开卷文化传媒有限公司
印　　刷　南京人民印刷厂有限责任公司
开　　本　787 mm×1092 mm　1/16　印张 12.25　字数 165千
版　　次　2024年6月第1版　2024年6月第1次印刷
ISBN 978-7-305-27338-4
定　　价　68.00元

网　　址：http://www.njupco.com
官方微博：http://weibo.com/njupco
官方微信号：njupress
销售咨询热线：(025) 83594756

＊版权所有，侵权必究
＊凡购买南大版图书，如有印装质量问题，请与所购
　图书销售部门联系调换

前　言

在过去的十年中,商学院和工程学院的课程都经历了重大改革。这一情况部分为数据丰富环境的普及以及新型数据科学方法的发展所致。一些学校（以及在线课程平台）开始提供商业分析和数据科学方面的学位和证书。鉴于对数据相关技能需求的不断增长,大多数公司普遍存在数据科学家和数据分析师职位空缺的情况。鉴于这些趋势,许多学生和科研人员对提升自己在数据科学和分析方面的技能非常感兴趣。在这种背景下,本书的撰写有两个互补动机：(1) 为下一代分析领域的学生开发相关实用教材；（2）帮助从业者利用他们的数据并掌握数据科学能力。

我曾在几所大学教授运营与分析课程,并一直在寻找将科学方法和概念应用于实际情境中的途径,进行真实案例研究,并作为我的讲座材料。虽然我可以很容易地找到关于各种主题的案例研究,但令我惊讶的是,在零售应用领域,目前仍缺乏进行需求预测所需要的全面实用性材料。更令我惊讶的是,许多应用程序和教材依赖于获得一个准确预测需求模型。例如,在供应链管理和库存规划中使用的各种工具和方法都依赖于获得一个准确预测需求模型。同样,

零售业需求预测

在定价、促销活动以及组合优化等领域也考虑将需求模型作为输入因素。我还可以找到大量需求预测和时间序列预测方面教材以及学术文章，但它们主要集中在通过开发新方法并证明理论属性来进行数理分析。根据我的经验，使用真实数据来预测公司需求的预测方法涉及一些未记录的步骤。本书旨在填补这个空白，覆盖从数据收集到评估和可视化的整个零售商需求预测过程。重要的是，我们讨论了需求预测过程中涉及的许多实际中间步骤，并提供了 Jupyter Notebooks 中的实现代码。

许多公司（从小型初创企业到大型企业）在各个行业中都开始常规地收集大量数据。这些公司面临的一个重要挑战是如何利用这些数据来增强运营和战略决策。在许多情况下，第一步涉及开发基于数据驱动的需求预测能力。拥有良好的需求预测模型可以帮助企业管理库存、确定价格和促销活动，并指导其他几个战术决策。事实上，零售商普遍设有专门团队负责需求预测和计划。零售商很清楚强大的需求预测能力能带来的益处和竞争优势。零售商也明白，只有通过利用数据和预测进行分析才能实现后者。正如奥多集团的创始人兼执行主席 Aldo Bensadoun 所说："对于许多零售商而言，成功的关键在于确保正确的产品在正确时间出现在正确的店铺中。未能达到此目标可能会对客户忠诚度和长期利润产生不利影响。以规模化方式系统性地实现此目标的唯一途径就是依靠数据和算法。"本书试图提供一个实用指南，帮助零售商利用其历史交易数据来预测未来需求。材料和方法依赖于统计学和机器学习中常见的模型。我们写作本书时假设读者对数据科学和统计学知识有限，但具备基本编程技能（最好能够使用 Python）。我们还提供了所有相关主题的参考资料、教科书以及几个更高级的主题。

这本书的灵感是作者在过去几年中从咨询项目中获得的。我们共同帮助了20多家零售商在不同行业和领域上建立起预测能力。虽然每个零售商都面临着独特的问题和挑战，但是解决方法和措施在各个零售商之间有很大部分是相通的。在这本书中，我们旨在提供一个实用指南，概述预测零售应用需求的相关步骤。每一个步骤都包含了相关的实施细节，读者可以轻松复制该过程并预测自己企业环境下的需求。我们还提供了一个数据集来说明整个过程中的所有概念和每一步。这些数据集可以让读者在学习概念的同时获得一些实践经验。

在第1章中，我们通过讨论动机、目标和范围来介绍需求预测。我们对数据集进行了描述，并讨论了几种常见的预测准确度指标。在第2章中，我们专注于数据预处理，详细阐述了各种相关建模因素。在进行预测模型和评估之前完成这些重要步骤非常关键。一些预处理任务涉及相关领域的专业知识，它们在传统教科书中有时会被忽视。特征工程和特征选择（即花时间构建和选择适合被包含在预测模型中的正确特征集）通常是需求预测中最关键的步骤。即使是用最好的预测模型进行预测，如果输入（用于预测的特征）不具有信息量且设计不良，预测也会失败。在第3章中，我们介绍了常见的需求预测方法，包括几种线性回归的变体。我们还讨论了数据聚合和需求预测之间的一个有趣的实际权衡。在第4章中，我们考虑了基于机器学习树模型的方法，并解释了它们在需求预测的背景下该如何应用。此外，我们还描述了超参数调优的过程。第5章介绍了两种常见的聚类技术，可以对多个产品的数据进行聚合，从而最终提高需求预测的准确性。第 6 章讨论了评估和可视化预测结果的潜在方式。第 7 章考虑了两种高级方法（Prophet 方法和一种系统化数据驱动方法），以执行数据聚合。最后，在第 8 章中概述我们的结论并讨论了几个进阶主题。用于辅助学习过程的数据集和笔记本可以在附带的网站（http：//www. demandpredictionbook. com/）上查看。

在出版这本书之前，我们在麦吉尔大学德索泰尔管理学院的"Master of Management in Analytics"课程中对其内容进行了测试。学生们一致认为这些材料对于求职面试非常有价值，并且对于开始他们的第一份数据科学工作起到了重要的推动作用。正如其中一位学生所说的："这本书中的材料是成功培训数据科学技能的完美体现。在我开始硕士课程之前，我告诉自己如果在项目结束时能够从头到尾地处理一个真实数据集并进行预测任务，那么这将是一件很有价值的事情。而这本书正是掌握这种技能最好的助力。"我们真心希望这本书能够对下一代数据科学家和商业分析专业的学生有所帮助。

加拿大，蒙特利尔
Maxime C. Cohen

致　谢

我们要衷心感谢所有支持我们撰写这本书的人。特别感谢 Yossiri Adulyasak、Lennart Baardman、Nymisha Bandi、Emma Frejinger、Daniel Guetta、Warut Khern-am-nuai 和 Niloofar Tarighat，他们仔细审查了本书的内容，并提供了数条有益的评论和建议。我们还要感谢一些零售商（由于保密原因，不透露名称），在过去几年中分享了宝贵的业务知识，并允许我们使用他们的数据来测试我们的方法。最后，非常感谢麦吉尔大学和本萨顿零售管理学院的支持。

目 录

1 引言 ·· 001
　1.1 动机 ··· 001
　1.2 数据集 ·· 004
　1.3 目标和范围 ·· 011
　　1.3.1 训练和测试数据 ·· 011
　　1.3.2 预测精度指标 ·· 012
　　1.3.3 应用 ·· 014

2 数据预处理与建模指标 ·· 015
　2.1 处理缺失数据 ·· 015
　2.2 异常值测试 ·· 019
　2.3 时间效应核算 ·· 022
　2.4 价格和滞后价格 ·· 025
　2.5 主页特推 ·· 027
　2.6 项目描述特征 ·· 028
　2.7 附加变量 ·· 028

2.8　标准化 ································· 029
　　2.9　数据集的排序和导出 ······················ 031

3　常规需求预测模型 ····························· 032
　　3.1　基础入门：单个SKU的基本线性回归 ········· 033
　　3.2　数据集构建 ······························· 035
　　3.3　集中式方法 ······························· 037
　　3.4　分散式方法 ······························· 039
　　3.5　特征选择和正则化 ························· 041
　　　　3.5.1　子集选择 ························· 041
　　　　3.5.2　Lasso 正则化 ······················ 049
　　　　3.5.3　Ridge 正则化 ······················ 053
　　　　3.5.4　Elastic Net 正则化 ················· 055
　　3.6　对数变换 ································· 057
　　　　3.6.1　价格变量的对数变换 ··············· 057
　　　　3.6.2　目标变量的对数变换 ··············· 061
　　　　3.6.3　变换和预测精度 ··················· 062
　　3.7　SKU固定效应的集中式方法 ················· 065
　　3.8　价格固定效应的集中式方法 ················· 069
　　3.9　SKU-价格固定效应的集中式方法 ············· 073
　　3.10　聚合季节性效应的分散式方法 ·············· 076
　　3.11　小结与下一步 ···························· 079

目　录

4　基于树的方法 … 080
4.1　决策树 … 082
4.1.1　集中式决策树 … 082
4.1.2　分散式决策树 … 092
4.2　随机森林 … 095
4.2.1　集中式随机森林 … 096
4.2.2　分散式随机森林 … 099
4.3　梯度提升树 … 102
4.3.1　集中式梯度提升树 … 103
4.3.2　分散式梯度提升树 … 105
4.4　方法比较 … 109

5　聚　类 … 110
5.1　k-means 聚类 … 110
5.1.1　k-means 聚类概述 … 110
5.1.2　使用平均价格和周销量进行聚类 … 115
5.1.3　添加聚类特征的标准差 … 120
5.2　DBSCAN 聚类 … 123
5.2.1　DBSCAN 聚类概述 … 124
5.2.2　使用平均价格和周销量进行聚类 … 130
5.2.3　添加聚类特征的标准差 … 136

6　评估与可视化 … 138
6.1　结果总结 … 138

  6.2 预测与实际 ·· 140

  6.3 改变训练集和测试集分割比率 ························· 147

7 更先进的方法 ··· 153

  7.1 Prophet 方法 ·· 153

    7.1.1 什么是 Prophet 方法 ························· 153

    7.1.2 使用 Prophet 方法预测 ······················ 159

  7.2 数据聚合与需求预测 ···································· 168

    7.2.1 DAC 方法介绍 ································· 169

    7.2.2 微调超参数 ······································ 172

    7.2.3 DAC 结果说明 ································· 174

8 结论与拓展话题 ··· 176

1

引 言

本书旨在讨论零售商预测需求的整个过程。具体来说，我们将介绍从数据预处理和探索开始，一直到评估预测算法准确性的所有步骤。我们还将介绍几种常用的需求预测方法，并讨论实施这些方法时的细节。每个步骤都将用 Python 代码进行说明。为了帮助读者学习，我们将使用可供下载的数据集。有关此数据集的更多详细信息将在第 1.3 节中讨论。

1.1 动机

需求预测是绝大多数零售商的首要任务。能够准确预测每个产品在每个时间段（如日、周）的未来需求情况，对于指导零售商的运营决策（如库存和供应链管理），并最终提高其盈利能力至关重要。信息技术和计算机技术的最新进展为需求预测提供了巨大的机会。从电子产品到快时尚再到食品配送服务领域，收集交易数据并利用这些数据为各领域的零售商提供服务，已成为普遍存在的现象。截至 2018 年，将人工智能（AI）和数据分析应用于包括消费品在内的零售业所创造的潜在价值约为每年 1.26 万亿美元。[1]

---

[1] https：//www.mckinsey.com/featured-insights/artificial-intelligence/visualizing-the-uses-andpotential-impact-of-ai-and-other-analytics.

需求预测在零售方向的一个重要应用是改进库存管理决策。准确的需求预测能够为零售商提供预测意外需求激增并做好相应准备的能力。具体而言，准确的需求预测有助于避免缺货，缺货可能会对客户满意度和保留率产生不利影响。同时，准确的需求预测可以缓解库存水平过高的问题，而库存水平过高往往会让零售商望而却步。此外，拥有一个良好的需求预测系统可以帮助零售商加深对消费者偏好、替代模式、季节性和价格折扣弹性的掌握。因此，它可以用来指导营销活动和促销策略。总的来说，准确预测需求通常可以增加收入和降低成本。

近年来，实时收集大量精细数据的能力已经颠覆了多个行业的决策方式，零售业也不例外。实体零售商和在线零售商都会定期记录其有关交易和客户的宝贵信息。传统信息类别包括价格、折扣、销售量和产品陈列布局（即产品在货架上或网站上的位置）。最近出现了一种趋势，零售商也在收集现代数据源，如客流量、点击量、社交媒体活动和停留时间（即客户在商店停留或浏览每个网站页面的时间）等数据。可供研究的数据量超出了限制。例如，截至 2017 年，沃尔玛每小时处理 2.5 PB 的数据，这些数据来自 200 个内部和外部数据源。[1] 庞大的数据量为开发数据驱动型方法提供了机会，进而得以指导运营决策。这些方法通常基于机器学习和人工智能，现在已被许多零售商在各个垂直领域广泛使用。

虽然这些数据可以用于多个目标的实现，但它们的传统应用是需求预测。事实上，学术界和工业界的大量研究都集中于开发数据驱动的需求预测方法。[2] 同时，很难找到一个实用的指南来概述所需遵循的不同

---

[1] https://www.forbes.com/sites/bernardmarr/2017/01/23/really-big-data-at-walmart-real-timeinsights-from-their-40-petabyte-data-cloud/?sh=1fee8d416c10.

[2] CHASE C W. Demand-driven forecasting: a structured approach to forecasting [M]. Hoboken: John Wiley & Sons, 2013.

步骤和需要避免的错误。本书旨在通过提供一个零售需求预测的实用指南以及详细的编码过程,以填补这一空白。这些代码是以通用方式编写的,因此可以在各种商业环境中轻松使用它们。

在本书中,我们将从实践的角度探讨需求预测这个主题,从数据收集一直到最终测试和可视化,涵盖端到端的整个流程。虽然我们无法考虑所有现有的需求预测方法,但我们将在本书中介绍并尝试十多种不同的方法。我们考虑的方法相对简单,并且利用了经典的机器学习技术。我们将不介绍时间序列方法,时间序列也是需求预测中常用的方法(我们仍将简要提及这类方法以及相关参考文献,并指出其与我们介绍的方法的差异)。我们将讨论如何测试不同方法的预测精度并将结果可视化。最后,我们将介绍几个在实践中很重要的实施细节。总的来说,本书旨在提供一个关于如何预测零售环境中需求的基本分步指南。该过程包括使用受实际零售数据启发的数据集实施不同的方法。为了方便起见,我们使用相同的数据集来说明所有的概念和方法。我们将流程分为以下模块:

- 数据处理和建模指标
- 常见需求预测方法(包括特征选择和正则化)
- 基于树的方法
- 聚类技术
- 模型评估和可视化
- 扩展(Prophet 和进阶主题)

本书的内容以模块化的形式展现,因此大多数模块可以独立完成。在掌握了本书的内容后,读者将掌握与数据驱动的需求预测相关的基本技能。本书材料并不限于特定类型的零售商,可运用于多种零售应用领域。当然,根据实际环境,可能需要进行一些调整(此类调整以及一些更进阶的内容超出了本书的范围,将在结论部分讨论)。最后,本书中讨论的材料对于能够获得历史销售数据并有兴趣预测其产品未来需求的零售商来说将会很有用。

1.2 数据集

我们用来指导需求预测过程的数据最初由一家在线电子零售商提供。出于保密目的,我们对数据进行了匿名化,并进行了一系列细微的修改。可以使用以下链接以 csv 格式下载数据集:①

https://demandpredictionbook.com

该数据集展示了一个科技产品电子商务零售商在 2016 年 10 月至 2018 年 9 月的 100 周内的每周销量。它包括每周 44 件商品的销量,也称为库存单位(SKU),以及关于这些 SKU 的各种信息。

我们强调,本书中提出的需求预测过程可以应用于各种场景,并不限于科技产品电子商务零售商。具体来说,它可以应用于电子商务和实体零售商,并在多个行业的垂直领域都适用。当然,读者根据所考虑的商业环境,需要稍微调整用于需求预测的方法和特征集合。我们的目标是使处理方式尽可能通用,并且不对特定应用场景有预先认识。

如前所述,零售商会定期收集和存储与客户交易相关的数据。原始数据通常由一组独立的交易组成。例如,原始数据集中的每一行都可以对应一个特定的交易,该信息包括多个方面,例如时间、价格、门店(如果是跨多个门店的集中数据集)、促销信息、购物卡信息(如果可用)、SKU 相关特征(例如颜色、品牌、大小)和客户信息(例如过去

---

① 备用链接 https://demandprediction.github.io/。

1 引言

购买记录、点击记录)。第一步是将原始数据聚合到更紧凑的数据集中。例如,可以以日或周为单位聚合数据。在这种情况下,在同一天(或星期)发生的所有交易都将被合并到一条观察样本中。数据聚合的第二个维度是决定保留所有 SKU,还是合并不同的 SKU(例如在品牌级别,甚至在类别或子类别级别)。最后,第三个常见的聚合维度是决定聚合来自不同门店的数据,还是分别考虑来自每个门店的数据。聚合数据的方式是否正确,取决于现实情况、可用数据的大小以及数据的变化。更精细的方法将保留数据的固有特征,而更聚合的方法将允许我们减少数据中的噪声(以不保留某些特征为代价)。例如,在日聚合与周聚合之间存在着明显的权衡。每周汇总将失去周内变化(例如周末的销售额通常高于工作日),但它将平均每个观察中包含的交易数量,因此,产生的数据集噪声较小。遗憾的是,这个问题没有一个适合所有情况的答案。在本书中,我们将考虑 SKU 在周级别聚合数据的情况(即,数据集中的每一行对应于特定周的特定 SKU)。

本书将同时介绍用于实现不同预测方法并在数据集上测试其性能的代码,以及详细的解释。完整的 Jupyter notebook 代码也可以在以下网站上找到。

https://demandpredictionbook.com

- 1/Introduction.ipynb
- data_raw.csv

虽然代码可以在任何 Python 开发环境中运行,但对新用户来说,建议利用免费工具,如 Google Colab。[①] 我们在配套网站中提供了基本的 Python 设置指南。为了充分利用本书中介绍的学习经验,强烈建议读

---

① https://colab.research.google.com/notebooks/intro.ipynb。

者具备一些基本的 Python 编写技能。读者可以很容易地找到教程、在线课程或书籍来获得此类 Python 技能。[1][2][3] 有关如何将数据科学用于商业业务应用程序的一般参考资料,请读者参阅其他书。[4]

让我们首先查看数据集并执行高级探索性分析。接下来,导入 pandas 库:

```
import pandas as pd
sales = pd.read_csv('data_raw.csv', parse_dates=['week'])
sale
```

输出结果如图 1.1 所示。数据集由 4400 行和 8 列组成,每行对应一周的 SKU(44 个 SKU,持续 100 周),而每列对应一个变量。

	week	sku	weekly_sales	feat_main_page	color	price	vendor	functionality
0	2016-10-31	1	135.0	True	black	10.16	6	06.Mobile phone accessories
1	2016-11-07	1	102.0	True	black	9.86	6	06.Mobile phone accessories
2	2016-11-14	1	110.0	True	black	10.24	6	06.Mobile phone accessories
3	2016-11-21	1	127.0	True	black	8.27	6	06.Mobile phone accessories
4	2016-11-28	1	84.0	True	black	8.83	6	06.Mobile phone accessories
...	...	...	...	...	...	...	...	...
4395	2018-08-27	44	20.0	False	black	53.99	6	09.Smartphone stands
4396	2018-09-03	44	14.0	False	NaN	52.99	6	09.Smartphone stands
4397	2018-09-10	44	22.0	True	black	44.99	6	09.Smartphone stands
4398	2018-09-17	44	28.0	True	NaN	42.99	6	09.Smartphone stands
4399	2018-09-24	44	26.0	True	black	43.45	6	09.Smartphone stands

4400 rows×8 columns

图 1.1 原始数据集研究

---

[1] MATTHES E. Python crash course: a hands-on, project-based introduction to programming [M]. 2nd ed. San Francisco: No Starch Press, 2019.

[2] DOWNEY A B. Think python [M]. Sebastopol: O'Reilly Media, 2012.

[3] MCKINNEY W. Python for data analysis: data wrangling with pandas, NumPy, and IPython [M]. Sebastopol: O'Reilly Media, 2012.

[4] PROVOST F, FAWCETT T. Data science for business: what you need to know about data mining and data-analytic thinking [M]. Sebastopol: O'Reilly Media, 2013.

1 引言

该数据集的特征描述如下（图1.1中从左到右）：

- 周（Week）：数据集涵盖2016年10月31日至2018年9月24日的所有周，总共有100周的时间（即大约两年的数据）。我们通过相应的星期一来确定每周。

- SKU：共有44个SKU，索引范围从1到44。数据集总共有44×100=4400行。

- 主页特推（Featured on the main page）：为了促进特定产品的销售，营销团队可能会决定通过在网站主页上展示这些产品来扩大其知名度。然后，我们记录每周和SKU的情况（即二进制指标）。

- 颜色（Color）：产品有九种不同的颜色：黑色、金色、粉色、蓝色、红色、灰色、绿色、白色和紫色。此外，两个SKU的此变量值为"无"，这意味着它们的颜色没有确定。具体来说，产品是多色的，或者没有特定的颜色（例如，计算机的内部部件通常没有特定的颜色），或者数据丢失。

- 价格（Price）：在给定的一周内，每个项目的价格是固定的。① 定价团队可以根据各种因素（例如促销活动、库存过剩）来每周调整价格。

- 供应商（Vendor）：该公司是电子产品品牌的零售商。供应商变量指的是产品品牌。数据集中的SKU跨越10家不同的供应商。出于保密原因，我们隐去了供应商的名称，而将其赋值为1到10。

- 功能性（Functionality）：功能性是SKU的主要功能或描述。我们的数据集中有12个不同的功能值。为了更好地说明，我们为每个功能指定了不同产品类别的名称（这些标签旨在说明，并不与原始数据中的真实标签

---

① 如果一周内的价格（或任何其他变量）出现变化，则可以通过加权平均（权重的选取可以基于销售额或收入）进行计算。

相对应）。具体来说，我们的 12 种不同功能对应以下类别：流媒体棒、便携式智能手机充电器、蓝牙扬声器、自拍杆、蓝牙跟踪器、手机配件、耳机、数码笔、智能手机支架、虚拟现实耳机、健身跟踪器和闪存驱动器。

最后，我们还可以访问 weekly-sales 变量，该变量是相应 SKU 在指定周内售出的数量。这是要预测的变量，通常称其为目标或输出变量。

图 1.1 左侧的第一列仅为数据集中行的索引。表 1.1—1.3 提供了数据集中包含的变量的汇总统计数据。通常来说应计算和检查数据集中每个变量的主要统计数据（平均值、标准偏差、最小值和最大值）。图 1.2 绘制了平均销量（上）和价格（下）的时间序列，其中平均值覆盖了全部 44 个 SKU。图 1.3 比较了具有不同周销售模式的两个 SKU 的周销售情况（数量和波动性）。我们鼓励读者养成数据探索的习惯（即，生成多个相关图并检查分布）。可在数据探索笔记本中找到用于生成以下表格和图形的所有代码：

https：//demandpredictionbook.com

表 1.1 数值变量（周销量和价格）统计小结

Metric	Weekly_sales	Price
mean	83.05	44.43
standard deviation	288.00	42.50
min	0	2.39
max	7512	227.72

表 1.2 变量"主页特推"的数值分析

Feat_Main_Page	Count
False	2825
True	1575

表 1.3 变量"颜色"的数值分析

Color	Count
black	1691
blue	700
red	500
green	400
grey	300
white	200
none	200
gold	199
purple	100
pink	100

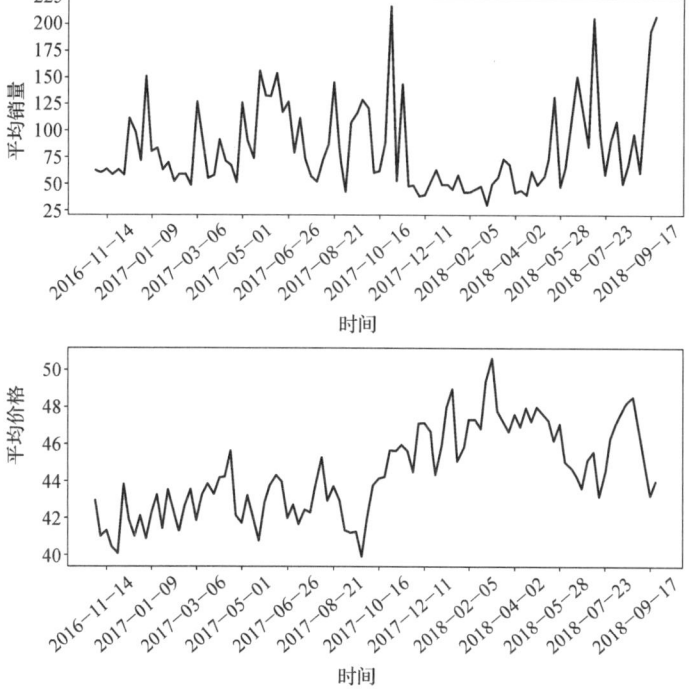

图 1.2 平均销量（上）和平均价格（下）的时间序列

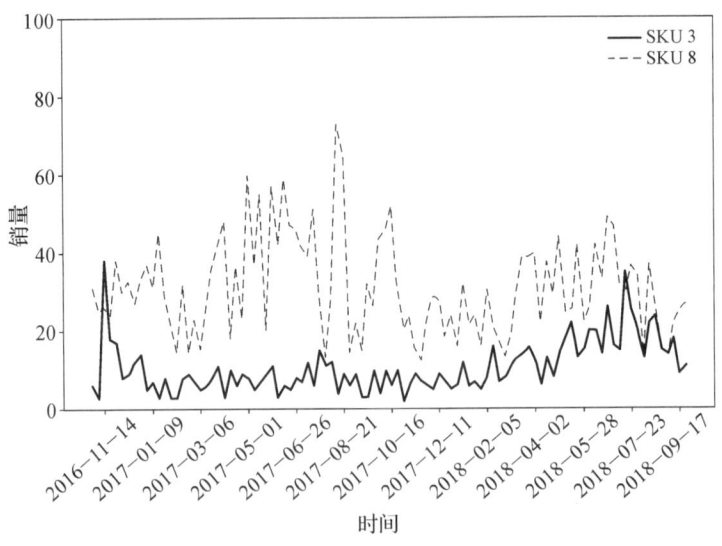

图 1.3　两个 SKU（SKU 3 和 8）的周销量

如图 1.2 所示，每周平均销量和价格的时间序列很清晰地展示出了销售和价格变量的变化。目前，尚不清楚这两个变量将如何相互作用。然而，应该明确价格会影响销量，价格越高，通常会导致销量越低。进一步来说，可以计算这两个变量之间的相关值（例如，皮尔逊相关系数）。在本书中，我们将假设需求和销量是指同一个概念（我们将视这两个术语为可以互换的）。实际上，这意味着零售商可以通过拥有足够的库存来满足所有需求。然而，在一些实际情况中，这一假设可能无法满足，因此库存是有限的。在这种情况下，销量将等于需求和可用库存中的最小值。由于我们的目标是通过观察销量来估计需求，这将带来额外的复杂性，即数据审查（观察到的销量是实际消费者需求的截断版本）。有几种技术可以解决这个问题，但它们超出了本书的范围。我们在结论部分简要讨论了这一主题，并提供了一些参考文献。

在图 1.3 中，我们绘制了两个特定 SKU（SKU 3 和 SKU 8）的每周销量。正如我们所看到的，每周销量的数值大小和方差在不同的 SKU 之间可能会有很大的差别。

1.3 目标和范围

在本节中，我们首先讨论训练数据集和测试数据集的概念，这些概念能帮助我们在估计和评估任何特定方法之前系统地分割数据。然后，我们提出了四种常见的预测精度指标，它们可用于评估任何需求预测方法的表现。最后，我们概述了与关联数据集相关的特定目标和应用。

1.3.1 训练和测试数据

在我们想要创建一个可信的模型评估方法时，一个常见的做法是将可用的数据分为训练集和测试集两组。我们至少可以通过两种方式做到这一点：随机分割和基于时间的分割。

• 随机分割：顾名思义，该分割以随机方式进行。这种方法的一个优点是我们可以执行多组分割。如果我们构造多个随机"训练—测试"分割，那么就可以使用交叉验证程序（即，在有限的数据样本上评估预测模型的重采样过程）并计算置信区间以比较不同的方法。这种多次分割将提高结果的稳健性和可信度。然而，进行随机分割会让我们失去数据的时间结构。

注：在实践中，分割还可能包含其他要求。例如，可能需要在相关因素之间平衡训练集和测试集（例如，保持相同数量的 SKU 或相同比例的促销活动）的数据量。在设计与平衡分割时，可以考虑这些附加要求。这种类型的分割被称为分层采样，可以通过使用 sklearn 包中的

StratifiedShuffleSplit 函数来完成。① 请注意，分层分割在使用随机分割时更合适，而对于基于时间的分割则较不合适。

• 基于时间的分割：这种分割基于特定日期分离数据。该方法的一个优点是可以保留数据的时间结构和顺序。它还与需求预测任务相协调，通过使用历史数据预测未来的销售情况。因此，保持时间顺序可能很重要。基于时间的分割方式的进一步延伸是考虑滑动窗口，第一个时间段 T_1 用于训练，下一个时间段 T_2 用于测试。然后，可以及时向前滑动窗口，以获得多个训练与测试数据集。

注：当不同的 SKU 在数据集中的不同日期被引入时（实践中经常如此），使用基于时间的分割时需要小心。有两种选择：（1）分别分割每个项目的数据；（2）使用绝对统一的日期分割数据。

在本书中，我们将采用基于时间的分割。

1.3.2 预测精度指标

我们的目标是使用历史数据尽可能准确地预测未来需求。为了衡量需求预测的准确性，需要引入一些指标。常用的四个评估预测性能的指标如下：

• R 平方（R^2）

• 平均绝对百分比误差（MAPE）

• 平均绝对误差（MAE）

• 均方误差（MSE）

上述指标旨在获取预测值相对于实现值（在我们的案例中均为实际

---

① https://scikit-learn.org/stable/modules/generated/sklearn.model_selection.StratifiedShuffleSplit.html.

销售情况）的准确性。我们注意到，没有一个指标是完美的，而且还有许多这里没有列出的指标存在。简洁起见，我们将主要关注 R^2（尽管我们的大多数定性结果也能通过其他三个指标得到）。事实上，每个指标都有其优缺点，因此我们通常会同时考虑多个指标。对于每种预测方法，我们将把数据分成一个训练集和一个测试集，并计算测试集上的 R^2，即样本外(OOS)R^2。有关此分割过程的更多细节将在之后讨论。

R^2 公式如下所示：

$$R^2 = 1 - \frac{\text{RSS}}{\text{TSS}}$$

其中，RSS 为残差平方和；TSS 为总平方和。三个量都应基于相同的数据集计算（例如在测试集上）。

上述公式得出：

$$R^2 = 1 - \frac{\sum_{i=1}^{I} \sum_{t=1}^{T} (r_{i,t} - \hat{r}_{i,t})^2}{\sum_{i=1}^{I} \sum_{t=1}^{T} (r_{i,t} - \bar{r})^2}$$

其中，i 代表数据集中的所有 SKU；t 代表时间。变量 $r_{i,t}$ 对应时间 t 时 SKU i 的实际销量，$\hat{r}_{i,t}$ 对应预测值，r 对应所有 SKU 和所有时间段的平均值。R^2 的值上限为 1，可以取低于 1 的任何值。显然，R^2 越接近 1，模型表现就越好。

注：我们注意到，OOS R^2 可能会出现负值。当预测的质量较低且表现不如样本外平均值差时，就会发生这种情况。由于我们不知道之前测试集的平均值，因此在使用测试集时，可能会获得负 R^2 值。

我们强调，与其预测需求，不如预测与需求值相关的事件。例如，预测需求超过（或低于）特定数值或一组数值的概率。在进行产能决策时，这些考虑变得重要起来。

1.3.3 应用

从现在起,我们的目标是帮助零售经理预测各种 SKU 的未来销量(或需求)。我们将使用前 70 周的数据进行训练。我们的目标是预测后 30 周的销售(测试数据),并获得可能的最高 R^2 值。请注意,我们使用 7∶3 的比率分割数据(虽然这是一个常见的比率,但也经常使用其他比率,如 3∶1 和 2∶1)。要使用的具体比率取决于数据量的大小,通常由实验—发现问题的过程指导。在图 1.4 中,我们绘制了平均每周销量的情况(垂直线对应于训练集和测试集之间的分界)。

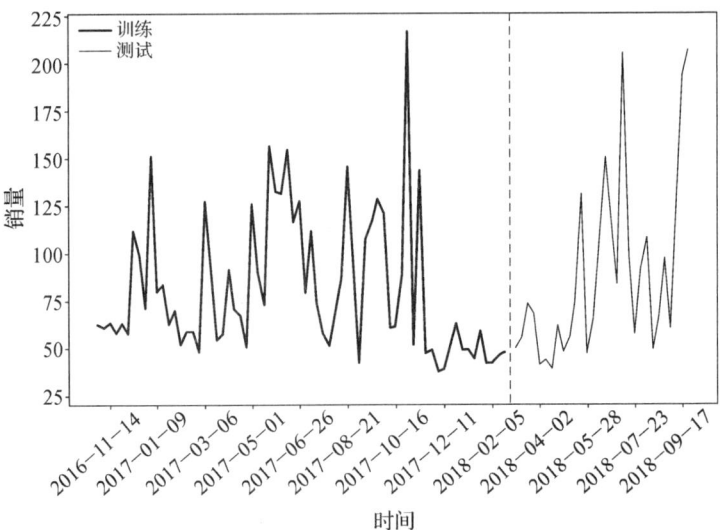

图 1.4 平均每周销量〔虚线左(右)侧为训练(测试)集〕

2

数据预处理与建模指标

在实施统计或机器学习方法之前，必须处理原始数据，以便从数据可用的特征中得到尽可能多的预测信息。我们将讨论数据预处理和特征工程中与需求预测相关的几个关键概念。最终处理的数据集也会在网站的 data _ processed.csv 文件中提供。

此部分的相关文件可在以下网站中找到：

https：//demandpredictionbook.com

- 2/Data Pre-Processing and Modeling Factors.ipynb
- data _ raw.csv

2.1 处理缺失数据

数据缺失是数据科学中一个非常常见的问题。无论是由人为错误还是数据采集过程中的错误产生的 NaN 值，都可以通过几种方法进行处理。以下是三种简单实用的方法（从简至难）：

1. 只需删除丢失数据的行即可。

2. 用固定值替换缺失数据（例如 0、1、列中数据的中位数、列中数据的平均值）。

3. 通过使用商业规则或运用预测模型（即，拟合数据驱动模型以预测缺失值）。

我们首先确定数据集中哪些特征缺少数据：

```
sales.isna().any()
```

我们获得以下输出：

```
week              False
sku               False
weekly_sales      False
feat_main_page    False
color             True
price             False
vendor            False
functionality     False
```

如我们所见，颜色（color）是唯一包含缺失数据的特征。接下来，我们将深入确定有缺失值的样本：

```
sales[sales['color'].isnull()]
```

上述命令的输出如图 2.1 所示。

	week	sku	weekly_sales	feat_main_page	color	price	vendor	functionality
802	2016-11-14	9	54.0	True	NaN	139.44	9	11.Fitness trackers
803	2016-11-21	9	71.0	True	NaN	141.16	9	11.Fitness trackers
4133	2017-06-19	42	4.0	False	NaN	27.33	10	09.Smartphone stands
4196	2018-09-03	42	8.0	False	NaN	42.99	10	09.Smartphone stands
4197	2018-09-10	42	14.0	True	NaN	42.99	10	09.Smartphone stands
4200	2016-10-31	43	5.0	True	NaN	109.99	9	11.Fitness trackers
4314	2017-02-06	44	5.0	False	NaN	53.99	6	09.Smartphone stands
4391	2018-07-30	44	34.0	True	NaN	41.99	6	09.Smartphone stands
4396	2018-09-03	44	14.0	False	NaN	52.99	6	09.Smartphone stands
4398	2018-09-17	44	28.0	True	NaN	42.99	6	09.Smartphone stands

图 2.1　颜色变量缺失的样本

我们确定了四个 SKU（SKU 9、42、43 和 44），它们的颜色特征至少有一个缺少值。为了便于说明，我们重点关注 SKU 44，看看这个特定产品最常见的颜色是什么：

```
sales [sales.sku == 44] ['color'].value_counts (dropna = False)
```

注：dropna = False 命令允许我们计算 NaN 值的数量（默认设置为 True）。

以下是我们获得的输出：

```
black     96
NaN        4
```

在这种情况下，缺失的值似乎是由简单的遗漏产生的。一个合理的推断是，SKU 44 仅有黑色可供销售。对于 SKU 9、42 和 43，我们观察到相同的缺失模式。

方法 1：删除缺少值的行

```
sales.dropna ( )
```

这是最快的方法，但它减少了数据集的大小。因此，通常需要避免使用这种方法，尤其是对于小型数据集（以及当缺失值数量最大时）。

接下来，我们将更详细地讨论第二种和第三种方法。

方法二：手动更换法

可以手动替换每个缺失的值：

```
sales.at [1, 'color'] = 'black'
sales.at [3, 'color'] = 'black'
sales.at [8, 'color'] = 'black'
sales.at [85, 'color'] = 'black'
```

如果要对大量缺少数据的行重复此过程，过程可能会很繁杂。接下来，我们考虑另一种方法，该方法可基于使用库或自定义函数系统地插补值。

方法 3：Imputation 库

我们接下来介绍一个可以简化上述过程的 Imputation 库：

```
import numpy as np
from sklearn.impute import SimpleImputer
imputer = SimpleImputer(missing_values=np.nan,
        strategy='most_frequent')
```

可以在 sklearn SimpleImputer 文档中找到有关此库的更多信息。[①] 我们采用 most_frequent 策略，即使用数据集中的最常见值来填补缺失值。

对于每个缺失数据的 SKU，我们首先拟合填补值，然后将其应用于包含缺失数据的行：

```
imputer.fit(sales[sales.sku==44][['sku','color']])
imputer.transform(sales[(sales.sku==44) & (sales.color.isna())][['sku','color']])
# apply it on missing rows
```

为了将这些修改应用到数据集中，我们将遍历每个 SKU 的缺失值，并进行适当的替换：

```
missing_idx_44 = sales[(sales.color.isna()) & (sales.sku==44)].index.values
```

上述命令返回以下内容：

```
[4314 4391 4396 4398]
```

然后，对于每一个有缺失值的样本，我们将按照以下方式填补：

```
for i in missing_idx_44:
sales.at[i,'color'] = imputer.transform(sales[(sales.sku==44) & (sales.color.isna())][['sku','color']])[0,1]
```

---

① https://scikit-learn.org/stable/modules/generated/sklearn.impute.SimpleImputer.html#sklearn.impute.SimpleImputer.fit_transform.

在对 SKU 9、42 和 43 重复此过程（为简洁起见省略）后，我们可以验证数据中是否不再缺少颜色值：

```
sales[sales['color'].isnull()]
```

注：在我们的案例中，缺失的数据似乎来自数据收集异常，我们可以做出简单的假设来解决问题。但是，在某些情况下，可能会有不同颜色的 SKU，并且存在多个缺失值。在这种情况下，是否能够用最频繁出现的值将其替换是一个重要的问题，必须仔细设计适当的填补策略。可以直接利用平均值、中位数、最频繁值、常量等进行缺失值处理。如前所述，对于更复杂的情况，可以开发一种预测方法（例如回归或分类模型），用来填补缺失数据值。例如，"k-邻近算法"（k-NN）[①] 通常用于识别具有缺失数据的观测值的"邻居"，然后用所识别的"邻居"的平均值替换缺失值。

2.2 异常值测试

另一个关键的预处理步骤是检查并（可能）移除异常数据点，也称为异常值。有多种统计方法可以检测异常值。然而，移除或修改异常值时应该小心，并且需要理解数据的收集过程和商业环境。

下面我们定义了一个函数，该函数将为每个 SKU 计算选定特征集的平均值和标准差。为了识别统计上异常的数据点，可以计算下限和上限阈值。例如，我们可以将下限和上限阈值分别设置为 平均值$-k*$标准差和平均值$+k*$标准差。如果观察值超出这些边界，我们就将其标

---

① https://scikit-learn.org/stable/modules/generated/sklearn.impute.KNNImputer.html。

记为异常值。检测异常值的另一种方法是使用特定的分位数（例如 90%或99%）。

```
def check_outliers(df, features, k=5):
  data = df.copy()
  for f in features:
    data['outlier_'+f] = data.groupby('sku')[f].transform(
      lambda x: (x > (x.mean() + k*x.std())) | (x < (x.mean()
      ) - k*x.std())))
  return(data)
```

上面的代码对每个 SKU 执行 groupby 操作，并测试数据是否在边界之外。测试结果是一个布尔变量，该变量将存储在 outlier_<name of feature>列中。

```
data.groupby('sku')[f].transform(
  lambda x: (x > (x.mean() + k*x.std())) | (x < (x.mean()
  ) - k*x.std())))
```

我们重点进行价格和每周销量的数据集异常值检查。在这里，我们决定使用 k=5 来定义异常值边界。

```
df = check_outliers(sales, ['price', 'weekly_sales'], 5)
df[df.outlier_price]
```

价格变量的测试结果如下所示（表 2.1）。

如我们所见，我们为价格变量识别出了 6 个异常值，为目标变量（weekly_sales）识别了 26 个异常值。当然，如果我们减小 k 的值，将识别出更多的异常值候选点。接下来，我们按照每周销售情况列出前 6 个（共 26 个）异常值（表 2.2）：

```
df[df.outlier_weekly_sales]
```

2 数据预处理与建模指标

表 2.1 价格变量的异常值

week	sku	weekly_sales	feat_main_page	color	price	vendor	functionality	outlier_price	outlier_weekly_sales
5/8/17	10	9	TRUE	white	130.89	9	10. VR headset	TRUE	FALSE
12/5/16	12	8	FALSE	black	135.91	6	01. Streaming sticks	TRUE	FALSE
1/15/18	29	11	FALSE	grey	170.76	6	06. Mobile phone accessories	TRUE	FALSE
8/6/18	40	51	FALSE	black	33.08	5	06. Mobile phone accessories	TRUE	FALSE
6/12/17	42	3	FALSE	black	87.98	10	09. Smartphone stands	TRUE	FALSE
4/16/18	44	2	TRUE	black	112.83	6	09. Smartphone stands	TRUE	FALSE

表 2.2 周销量的异常值

week	sku	weekly_sales	feat_main_page	color	price	vendor	functionality	outlier_price	outlier_weekly_sales
12/12/16	6	119	TRUE	blue	17.1	3	04. Selfie sticks	FALSE	TRUE
9/24/18	7	724	FALSE	blue	6.26	3	04. Selfie sticks	FALSE	TRUE
7/30/18	10	75	TRUE	white	189.7	9	10. VR headset	FALSE	TRUE
1/9/17	12	750	TRUE	black	32.01	6	01. Streaming sticks	FALSE	TRUE
9/11/17	12	579	TRUE	black	31.96	6	01. Streaming sticks	FALSE	TRUE
6/19/17	13	63	TRUE	black	20.99	10	09. Smartphone stands	FALSE	TRUE
…	…	…	…	…	…	…	…	…	…

在确定潜在的异常值候选点后，下一步是确定这些观察结果确实异常，并且不能归因于可解释的现象。准确来说，我们需要仔细检查这些值是否真的异常（应该被移除或修改），还是说它们是应该保留的实际数据。统计上的异常值通常来自合理的原因（例如大规模促销活动、大型旅游团在商店购物）。然而，实际上的异常值可能是由数据收集过程中（例如提取数据时出错）或特殊事件发生时（例如以错误的价格出售商品或使用错误的折扣代码）出现的错误导致，也可能是由无法在预测模型中体现的外部事件（例如名人自发地支持某个产品从而创造了巨大的需求激增）引起。

一个合理的做法是仔细检查每个异常值的候选者，并尝试探索非常规值背后的原因。可以通过利用商业专业知识、核查外部事件的存在以及咨询该领域专家来做到这一点。例如，在特殊促销活动期间，价格可以比平均价格低很多，但价格不能为负。最终，需要运用商业直觉做出判断。如果所有异常值的候选者都能用合理的理由加以解释，那么我们就可以继续进一步的研究。然而，如果其中一些似乎是真正的异常值，那么就需要解决这个问题。第一种选择是移除已识别的异常值（有时甚至是与特定 SKU 相关的所有观测值）。第二种选择是修改异常值，将其替换为更适中的值，例如过去几周的平均值、中值或特定的四分位值。在我们的数据集中，我们决定保留所有观测值，不移除或修改上述任何异常值。

2.3 时间效应核算

时间维度对零售需求的影响可以通过包含季节性的特征来建模。一般来说，时间序列有四种类型：趋势、季节性变化、周期性波动和不规则变化。① 在零售需求预测的背景下，通常只关注以下两个变量：

- 趋势：该变量反映了长期需求变动。我们分析与特定样本相关的整年的需求趋势，从周特征中提取年份，并通过减去最小值（2016）对其进行归一化。捕捉趋势的另一种方法是使用累积时间变量（即，从数据集开始算起的总周数）。
- 季节性：这是一个分类特征，用于衡量某月（或某周）对销售的影响。

我们构建上述两个变量如下：

```
sales ['trend'] = sales ['week'].dt.year - 2016
sales ['month'] = sales ['week'].dt.month
```

请注意，我们用每个特定周的星期一和对应的月份来指代每个星期。

我们对月变量使用热编码方法，将这些二进制特征包含在预测模型中。我们将使用 get_dummies 函数，该函数在日历月份的 12 个可能值中创建 11 个特征，每个特征包含特定月份的指标。

注：使用线性回归时，我们只需要 11 个特征来表示 12 个日历月。事实上，不属于前 11 个月就等于属于第 12 个月（我们使用 1 月份作为基线）。我们使用下面的 drop_first = True 命令来实现此操作。有关此主题的更多信息，请参阅 pandas 文档。② 值得强调的是，我们只需要在使用线性回归方法时执行此操作（大多数替代预测方法，如基于树的模型，不需要删除其中一个编码变量）。

---

① https：//link.springer.com/referenceworkentry/10.1007/978-0-387-32833-1_401.
② https：//pandas.pydata.org/pandas-docs/stable/reference/api/pandas.get_dummies.html.

```
sales = pd.get_dummies(data = sales, columns = ['month'], drop_
    first = True)
```

表2.3给出了对月份变量进行一次热编码前后的观察示例。

表2.3 月份变量单次热编码前后的观测示例

Before one-hot encoding	After one-hot encoding
week 2018-09-24 sku 44 weekly_sales 26 feat_main_page True color black price 43.45 vendor 6 functionality 09.Smartphone stands trend 2 month 9	week 2018-09-24 sku 44 weekly_sales 26 feat_main_page True color black price 43.45 vendor 6 functionality 09.Smartphone stands trend 2 month_2 0 month_3 0 month_4 0 month_5 0 month_6 0 month_7 0 month_8 0 month_9 1 month_10 0 month_11 0 month_12 0

注意，季节性可以在不同的层次上建模。如果我们要在周级别上建模季节性，将创建51个虚拟变量（每个日历周减去我们要移除的第一周），而不是11个月虚拟变量。另一种是在季度级别上建模季节性（以捕捉四季的特征）。我们对建立季节性模型方法的选择恰当与否取决于所考虑的具体环境，并且通常取决于该业务的专业知识。

2.4 价格和滞后价格

在电子商务等竞争激烈的市场中，价格无疑是推动需求的最重要因素之一。这就是为什么公司决定每周调整价格，以保持竞争力，提高收入和利润。

首先，本周 SKU 的价格会影响该 SKU 在该周的销售。例如，客户会比较价格，如果价格低于竞争对手，最终客户便有可能从该特定零售商处购买产品。

其次，前几周的价格（通常称为滞后价格）也会对当前的销售产生影响。事实上，一些消费者采取了寻求交易的行为，并根据商家提供的折扣调整他们的购买计划。因此，降低前几周的价格（例如第 W-1 周和第 W-2 周）可能会降低第 W 周的销量，因为一些客户可能已经在前几周的某个时间购买了产品。滞后顺序（我们称之为 M）是模拟影响当前需求的过去价格数量的参数。M 的值可以直接从数据中估计，并且通常取决于产品的特性，如易腐性和技术淘汰程度。

出于上述原因，在需求函数中加入滞后价格作为预测因素通常很重要。在我们的案例中，除了当前价格外，我们还使用 price-1 和 price-2（即，前两周 SKU 的价格）作为预测因素。这种滞后顺序的选择基于业务知识和预测能力（即，我们希望生成尽可能好的预测）。为简洁起见，我们不阐述此选择过程的详细信息。在进一步处理中，我们考虑了滞后价格的几种组合，并比较了每种方案的预测精度。我们最终选择了最佳组合，也就是 price-1 和 price-2 的组合。根据具体情况，可以自然地考虑选择不同数量的滞后价格（例如最近的 4 个价格）。另一个备选变量的选择（不是滞后价格）可以是距离上次促销活动开始的时间。

为了创建滞后价格变量，我们使用 shift 函数：

```
## Lag prices
sales['price-1'] = sales.groupby(['sku'])['price'].shift(1)
sales['price-2'] = sales.groupby(['sku'])['price'].shift(2)
sales.dropna(subset=['price-1','price-2'], inplace=True)
sales.head()
```

应用于价格变量的 shift（1）命令返回上周的价格值。有关 shift 命令的更多信息，请参阅 pandas 文档。[①] 我们注意到，前两周的滞后价格值没有明确定义。解决此问题的一种潜在方法是简单地移除前两周数据（对于所有 SKU），然后从第三周开始我们的数据集。在上面的代码中，dropna 命令从数据集中删除 price-1 或 price-2 中带有空白单元格的行。在这种情况下，它省略了前两周，因此我们的最终数据集将包括 98 周。另一种方法是保留前两周，并假设滞后价格等于平均价格或第一周的价格。

注：为了更清晰地说明，我们接下来修改列的顺序，将价格和两个滞后价格放在前三列。

```
## Put lag-prices next to the price column
# price
col = sales.pop('price') # pop deletes the column
sales.insert(3, col.name, col) # insert a column at a specific position
pos_price = sales.columns.get_loc('price') # get position
            of column
# p-1
col = sales.pop('price-1')
sales.insert(pos_price+1, col.name, col)
```

[①] https：//pandas.pydata.org/pandas-docs/stable/reference/api/pandas.DataFrame.shift.html。

```
# p-2
col = sales.pop('price-2')
sales.insert(pos_price+2, col.name, col)
# plot
sales.head()
```

pop()函数的作用是从数据框中删除一列，然后将删除的列存储在变量col中，以便我们将其添加回数据集的另一个位置。接下来，insert函数使用定义的列名将焦点列移动到所需的位置。最后，为了便于阅读，我们在价格列旁边插入滞后价格列（pos_price+1和pos_price+2）。

注：当考虑滞后价格作为预测当前需求的预测特征时，需要确保预测时已知价格值。例如，在预测未来的需求时，过去的价格并不总是已知的。不过，在一些零售行业中，价格是提前设定好的（例如在前一季度），因此这不是一个问题。如果事先不知道价格，就无法使用过去的价格作为预测特征。

2.5 主页特推

如前所述，公司可以决定通过在网站主页上展示特定产品来提高其知名度（展示时长通常为一周）。主页上的特推自然会提高该产品的知名度，并可能引导犹豫不决的消费者选择特推产品。

最初，feat_main_page是一个布尔变量（即True或False值）。遗憾的是，我们不能将这些变量直接用于sklearn。因此，我们决定通过将值1赋给主页上显示的SKU-week，将值0分配给其他的，从而使该变量数值化：

```
sales['feat_main_page'] = sales.feat_main_page.astype('int')
```

注：可以通过考虑在主页上显示的 SKU 对类似 SKU 销售的影响（例如捕获同类产品的影响），[①] 或对相同 SKU 的未来销售的影响，将此分析提升到更高层次。为简单起见，我们将不深入讨论此主题，只考虑每个 SKU 的静态二进制变量。

2.6 项目描述特征

正如我们对月份变量所做的那样，我们接下来对功能、颜色和供应商变量执行一个热编码。代码如下：

```
sales = pd.get_dummies(data = sales,
                       columns= ['functionality', 'color',
                       'vendor'], drop_first = True)
sales.head()
```

此时，对于数据集中的每个 SKU，我们都可以获取功能、颜色和供应商对应的值。更一般地说，如果有关该 SKU 的其他相关信息可用（例如尺寸、原产国），可以用类似的方式将其包括在内。

2.7 附加变量

根据所考虑的业务设置，需求预测模型中可以包含几个附加变量。例如，在电子商务应用程序中，可以包括与客户旅程相关的数据，如点击、搜索、停留时间（即客户在每个网页上花费的时间）和网上信息。

[①] SRINIVASAN S R, S. RAMAKRISHNAN S, GRASMAN S R. Incorporating cannibalization models into demand forecasting [J]. Marketing Intelligence & Planning, 2005, 23 (5)：470-485.

在实体应用中，可以包括货架上物品的位置（如果可用）、其他 SKU 的价格和宣传展示的信息（例如店内传单、终端显示器、电视广告）。在某些应用程序中，还可以考虑添加外部数据源，如谷歌趋势、社交媒体、天气和宏观经济因素。找到正确的相关特征集以准确预测需求通常被视为一门艺术，需要借助领域专业知识。

在我们的设置中，我们将保持简单，只考虑上面讨论的一组变量。不过，我们也可以采用类似的流程，并在包含其他特征的设置中使用我们将在以下章节中介绍的预测模型。一种常见的拓展方式是考虑将其他 SKU 的价格添加为预测值（即，用 SKU i 的价格预测 SKU j 的需求）。纳入这些变量将使我们能够捕捉到不同 SKU 的潜在替代性和互补性。①②

2.8 标准化

在处理具有不同数值范围的特征时，通常需要对数据集中的特征进行标准化（或归一化）处理，以使它们都位于相似的范围内。标准化数据还可以减少学习算法的运行时间。标准化特征的另一个优点是使估计系数更易于比较和解释。下面，我们介绍了两种常用的标准化方法：

- 标准缩放将特征 x 缩放为标准化版本 z，平均值为 0，标准差

---

① PINDYCK R S, Rubinfeld D L. Microeconomics [M]. 9th ed. Harlow：Pearson, 2018.

② COHEN M C, PERAKIS G. Optimizing promotions for multiple items in supermarkets [M] //RAY S, YIN S. Channel strategies and marketing mix in a connected world. Cham：Springer, 2020：71 - 97.

为 1。[1]

$$z = \frac{x - \mu}{\sigma}$$

其中，μ 和 σ 分别是特征 x 的平均值和标准差。具体而言，可以单独计算每个 SKU 的平均值和标准差，也可以联合计算所有 SKU 的平均值和标准差（如何选择取决于特定情况和数据变化）。可以使用以下代码执行此标准化：

```
from sklearn.preprocessing import StandardScaler
scaler = StandardScaler()
scaler.fit(data)
scaler.transform(data)
```

- Min Max scaling（最小—最大缩放）将特征 x 缩放到标准化版本 z，使其值在 0 与 1 之间[2]。

$$z = \frac{x - \min(x)}{\max(x) - \min(x)}$$

其中，最小值和最大值函数既可以对每个 SKU 分别取值，也可以针对所有的 SKU 联合取值。可以使用以下代码执行此标准化：

```
from sklearn.preprocessing import MinMaxScaler
scaler = MinMaxScaler()
scaler.fit(data)
scaler.transform(data)
```

在本书的背景（零售业需求预测）下，根据我们的数据集，标准化

---

[1] https://sklearn.org/modules/generated/sklearn.preprocessing.StandardScaler.html

[2] https://sklearn.org/modules/generated/sklearn.preprocessing.MinMaxScaler.html

不会显著影响我们将介绍的大多数方法的预测性能。然而，对于各种实际环境和数据集，标准化可能很重要，有时可以显著改善结果（尤其是对于基于树的模型和聚类方法）。

2.9 数据集的排序和导出

我们按 SKU 和周对数据集进行值的排序，然后导出已处理的数据集。导出的数据集也提供在配套网站上。

```
Sales = sales.sort_values(by=['sku','week'])
sales.to_csv('data_processed.csv', index=False)  # we don't
    need the index
```

到这里，我们已经有了一个完全处理过的数据集，并且为进行需求预测的下一步做好了准备。

3

常规需求预测模型

有一种常见的需求预测方法是采用普通最小二乘法（OLS）（是否进行正则化，我们将在下文讨论）。问题是，什么样的数据聚合级别才是正确的？一个极端的选择是为每个SKU估计不同的模型。在我们的例子中，这意味着同时拟合44个回归模型。然后，每个SKU将具有一组不同的拟合系数。我们将这种方法称为分散式方法。第二种极端选择是合并所有SKU的数据，并为所有的SKU拟合一个统一的模型。我们将这种方法称为集中式方法。这两种方法各有优缺点。例如，集中式方法训练速度更快，不太容易过度拟合。然而，这种方法往往过于简单，无法准确捕捉重要的SKU特定特征（例如某些SKU对价格促销更敏感，或某些特定SKU更具季节性）。在实践中，我们也考虑了几种不太极端的选择。例如，可以为所有的SKU拟合一个统一模型，并为每个SKU设置不同的截距系数甚至不同的价格系数等。更一般地说，对于某些特征变量（例如趋势和季节性），可以在聚合级别估计，而对于另外一些特征变量（例如价格），可以在SKU级别估计。为每个特征变量找到的数据聚合级别是否合适，在很大程度上取决于商业环境和数据（我们将在第7章中正式讨论这一问题）。在本节中，我们将实施和比较分散式和集中式方法，并考虑几种替代方案。

此部分的相关文件可在以下网站中找到：

https：//demandpredictionbook.com

- 3/Common Demand Prediction Methods.ipynb

3.1 基础入门：单个 SKU 的基本线性回归

我们首先为一个特定的 SKU（SKU 11）建立一个简单的预测模型。[①] 这有助于我们在简单的设定中讨论各种概念和实施细节，然后再扩展到整个数据集，以构建全部 44 个 SKU 的需求预测模型。

我们选出属于 SKU 11 的观察样本，并选择迄今为止我们创建的除了周、SKU 和 weekly_sales 外的所有特征变量。

```
data = sales [sales.sku == 11].sort_values(by = ['week'])
colnames = [i for i in data.columns if i not in
            ['week', 'weekly_sales', 'sku']]
```

我们将 X_primer 定义为包含所有特征变量的数据集，将 y_primer 定义为目标变量（即每周销量或需求）。

```
X_primer = data [colnames]
y_primer = data.weekly_sales
```

在需求预测模型中，我们希望根据历史销量预测未来销量。如前所述，我们需要执行基于时间的分割来创建训练集和测试集。

- 训练集包含 2016 年 11 月至 2018 年 2 月的数据（68 周[②]，70%的数据）。
- 测试集包含 2018 年 3 月至 2018 年 9 月的数据（30 周，30%的

[①] 选择 SKU 11 是因为它很好地说明了在整个数据集上获得的结果。需要特别指出的是，模型的性能可能会因不同的 SKU 而出现显著不同。

[②] 最终数据集包含 98 周的数据，详见章节 2.4。

数据）。

注：提醒一下，原始数据集的数据共 100 周，而处理后的数据集只有 98 周（我们移除了前两周的数据，以避免出现滞后价格值缺失的情况）。

```
X_train_primer, X_test_primer = np.split(X_primer, [68])
y_train_primer, y_test_primer = np.split(y_primer, [68])
```

注：

- 我们提供的数据集已经按周排序；在使用命令 np.split() 拆分之前，应该确保这一点。
- 由于我们希望为训练集指定特定的周数，因此使用 np.split 函数更方便。为了按特定比例进行时间分割，可以使用 sklearn[①] 的 train_test_split 函数（需要使用命令 shuffle = False 以保持数据的时间性）。

```
from sklearn.model_selection import train_test_split
X_train_primer, X_test_primer = train_test_split(X_primer,
                                                  shuffle = False,
                                                  train_size = 0.70)
y_train_primer, y_test_primer = train_test_split(y_primer,
                                                  shuffle = False,
                                                  train_size = 0.70)
```

我们借助 statsmodels 包[②]使用 OLS 方法，如下所示：

[①] https://scikit-learn.org/stable/modules/generated/sklearn.model_selection.train_test_split.html
[②] https://www.statsmodels.org/dev/generated/statsmodels.regression.linear_model.OLS.html

```
from statsmodels.regression.linear_model import OLS
model = OLS(y_train_primer, X_train_primer) # model definition
model = model.fit() # model training
y_pred_primer = list(model.predict(X_test_primer))
```

接下来,我们通过计算 OOS R^2 和 MSE 来评估模型性能:

```
from sklearn.metrics import r2_score, mean_squared_error
print('OOS R2: ', round(r2_score(y_test_primer, np.array
    (y_pred_primer)), 3))
print('OOS MSE: ', round(mean_squared_error(y_test_
    primer, np.array(y_pred_primer)), 3))
```

为了简单起见,我们将指标四舍五入到三位小数。以下是我们获得的结果:

$$\text{OOS R2: } 0.309$$

$$\text{OOS MSE: } 3725.488$$

正如我们所看到的,R^2 并不是特别高,模型肯定还有改进的空间。这些结果将作为本节后面介绍的特征选择和正则化方法的基准。

3.2 数据集构建

我们现在考虑将上述方法扩展到所有 44 个 SKU。第一步对数据集进行结构化,以简化模型评估过程。我们将 skuData 定义为一个字典,其中包含每个 SKU 的 X(包含所有特征变量的数据结构)和 y(weekly_sales 目标变量)。这将使我们能够轻松地为每个 SKU 构建一个模型(即分散式方法),或为所有 SKU 构建一个统一模型(即集中式方法)。代码如下所示:

```
skuSet = list ( sales. sku. unique ( ) )  # list of sku id
skuData = {}
colnames = [i for i in sales. columns if i not in
            ['week', 'weekly_ sales', 'sku']]
# removing dates, target variable and SKU number
for i in skuSet:
  df_ i = sales [sales. sku == i] # build a dataframe for each sku
  # for each sku, we fill the dictionary with the features and target
    variable
  skuData [i] = {'X': df_ i [colnames] .values,
              'y': df_ i.weekly_ sales.values}
```

对于每个 SKU，我们需要应用基于时间的分割。因此，我们可以创建另一个包含拆分后数据的字典，即每个 SKU 的训练和测试集：

```
X_ dict = {}
y_ dict = {}

y_ test = []
y_ train = []

for i in skuSet:

  X_ train_ i, X_ test_ i = np. split ( skuData [i] ['X'], [68]) #
  split for X
  y_ train_ i, y_ test_ i = np. split ( skuData [i] ['y'], [68]) #
  split for y

  X_ dict [i] = {'train': X_ train_ i, 'test': X_ test_ i} #
  filling dictionary
  y_ dict [i] = {'train': y_ train_ i, 'test': y_ test_ i}

  y_ test += list ( y_ test_ i) # creating the complete training array
  y_ train += list ( y_ train_ i) # creating the complete testing array
```

一旦数据集被正确地构建，就可以开始预测需求。我们首先考虑集中式方法。

3.3 集中式方法

如前所述，集中式方法通过同时使用所有 SKU 的观察样本来训练单个线性回归模型。因此，线性回归规范遵循以下等式：

$$\text{weekly sales} = \beta_{\text{intercept}} + \beta_{\text{price}} * X_{\text{price}} + \beta_{\text{price}-1} * X_{\text{price}-1} + \cdots + \beta_{\text{vendor10}} * X_{\text{vendor10}} + \varepsilon$$

其中，$\beta_{\text{intercept}}$ 表示截距；ε 是误差项；β 系数对应所有选择的特征。

接下来，我们为集中式方法构建适当的数据集：

```
X_cen_train = X_dict[skuSet[0]]['train'] # initialization
  with item 0
X_cen_test = X_dict[skuSet[0]]['test']

for i in skuSet[1:]: # Iteration over items
  # concatenation of training sets
  X_cen_train = np.concatenate((X_cen_train, X_dict[i]['train']),
      axis=0)
  # concatenation of test sets
  X_cen_test = np.concatenate((X_cen_test, X_dict[i]['test']),
      axis=0)
```

具体来说，我们将所有 SKU 中的训练数据连接起来，构建一个集中的训练集。然后，我们将相同的逻辑应用于此集中的测试集。

现在，我们可以使用集中训练集拟合单个线性回归，并计算 OOS R^2 和 MSE。

零售业需求预测

```
from sklearn.linear_model import LinearRegression

model_cen = LinearRegression().fit(X_cen_train, y_train)
print('OOS R2: ', round(r2_score(y_test, model_cen.predict
    (X_cen_test)), 3))
print('OOS MSE: ', round(mean_squared_error(y_test, model_cen.
    predict(X_cen_test)), 3))
```

结果如下：

OOS R2: 0.114

OOS MSE: 98086.301

注：我们注意到，在本书中，我们有时使用 sklearn 库中的 LinearRegression 类函数，而其他时候则依赖 statsmodels 中的 OLS 类函数创建线性回归。这些包在绝大多数情况下都会产生相同的结果（在一些边缘情况下，由于实现的不同，结果可能会有所不同，但这些情况不在本书的范围内）。然而，补充函数使学习如何根据需要使用这两种方法变得有趣（例如 statsmodels 更容易输出摘要统计信息，而 sklearn 更容易进行交叉验证）。

我们可能希望跟踪估计上述模型的运行时间。为此，我们导入时间库。

```
import time
tZero = time.time() # time at the beginning

... # insert code to run

t = time.time() - tZero # difference of time between tZero and
    time at the end of the code
print('Time to compute: ', round(t, 3), 'sec')
```

输出结果为：

Time to compute: 0.203 sec

如我们所见，集中式 OLS 方法的计算时间非常短。然而，由于集中式方法对所有 SKU 施加了统一的结构，因此预测精度也非常低（OOS $R^2 = 0.114$）。当 SKU 具有不同的特征（例如不同的类别、品牌）时，这种方法可能不合适。

注：根据机器和计算环境的不同，可能会得到不同的运行时间。人们不应该关注计算时间的确切值，而应该关注其数量级。

3.4 分散式方法

如前所述，在分散式方法中，我们为每个 SKU 估计了不同的线性回归模型。也就是说，我们假设每个 SKU i（$i = 1, 2, \cdots, 44$）的周销量遵循以下等式（每个 SKU 的系数仅利用与该 SKU 相关的观察样本来估计）：

$$\text{weekly sales}_i = \beta_{\text{price }i} * X_{\text{price }i} + \beta_{\text{price}-1\ i} * X_{\text{price}-1\ i} + \cdots + \beta_{\text{vendor10 }i} * X_{\text{vendor10 }i} + \varepsilon_i$$

我们的目标是估计每个 SKU 的 β 系数。代码如下：

```
tZero = time.time()

y_pred = []
skuModels = {}

for i in skuSet:
 # one model for each item, fitted on training set
 model_i = OLS(y_dict[i]['train'], X_dict[i]['train'],
         hasconst = False)
```

```
skuModels [i] = model_ i.fit ( )

# compute and concatenate prediction of the model i on item i
y_ pred += list ( skuModels [i] .predict ( X_ dict [i] [ 'test ' ] ) )

# computing overall performance metrics on y_ pred and y_ test:
print ( ' OOS R2: ', round ( r2_ score ( y_ test, np.array ( y_
    pred ) ) , 3 ) )
print ( ' OOS MSE: ', round ( mean_ squared_ error ( y_ test, np.array
    ( y_ pred ) ) , 3 ) )

t = time.time ( )  -tZero
print ( ' Time to compute: ', round ( t, 3 ) , ' sec ' )
```

结果（OOS R^2、MSE 和运行时间）如下所示：

```
OOS R2: 0.517

OOS MSE: 53537.475

Time to compute: 0.065 sec
```

在这种情况下，分散式方法在样本外预测精度方面明显优于集中式方法。具体来说，相对于集中式 OLS 方法，我们获得的 OOS R^2（MSE）增加（减少）354%（45%）。这一发现显示了特定特征变量在获得需求预测模式中的重要性。然而，在不同的应用中，集中式方法可能优于分散式方法，这取决于 SKU 的异构性和数据质量。这种现象是由监督学习中众所周知的偏差——方差权衡驱动的[1]，这表示的是减少偏差（即模型无法完美捕捉特征变量和目标变量之间的关系，例如线性关系）和减少方差（即模型性能对训练数据集中波动的敏感性）之间的冲突。一方面，集中式方法将来自多个 SKU 的数据汇集在一起，以适应单个模型，从而

---

[1] HASTIE T, TIBSHIRANI R, FRIEDMAN J. The elements of statistical learning: data mining, inference, and prediction [M]. 2nd ed. Cham: Springer, 2009.

减少模型的方差，但代价是增加每个 SKU 的模型错误的偏差。另一方面，分散方法适用于每个 SKU 的不同模型，从而减少了模型错误带来的偏差，但由于每个 SKU 的数据量有限，可能会增加方差。

3.5 特征选择和正则化

到目前为止，我们估计的模型既不包括特征选择也不包括正则化。在本节中，我们将研究这两个概念。特征选择和正则化是数据预处理之后的重要步骤。当数据集包含大量特征时，就预测需求而言，并非所有特征都是相关且恰当的。确定具有最强预测能力的关键特征变量有几个主要好处，例如：

- 降低计算和数据采集成本
- 提高模型的可解释性
- 可能减少过度拟合问题

特征选择过程基于使用可用特征的子集拟合模型。该过程受到多个标准指导，例如模型准确性和处理速度。

正则化是改进模型的另一种方法，通常称其为收缩方法。正则化方法的主要目的是通过减少估计系数的数量更新预测模型的估计系数以简化模型，并最终降低过度拟合的风险。

在本节中，我们将通过使用为 SKU 11 构建的基本模型来说明子集选择和正则化的概念，然后将其扩展到全部 44 个 SKU。

3.5.1 子集选择

3.5.1.1 子集选择概述

子集选择的概念旨在通过拟合比较各种模型来找出性能最佳的特征

子集，每个模型使用 p 个特征中的由 d 个特征组成的子集（$d<p$）。然后使用特定标准比较这些不同的模型。因为我们想要比较具有不同数量的特征变量的模型，所以不能简单地使用样本 R^2 或 RSS 作为度量指标。事实上，与具有较少特征的模型相比，具有较多特征变量的模型始终具有较高的样本 R^2 和较低的 RSS。本文中使用的常见标准有赤池信息量准则（AIC）、贝叶斯信息量准则（BIC）、Cp 和调整后的 R^2。接下来，我们将详细讨论 AIC 和 BIC。

执行特征选择有三种常用方法：最佳、正向逐步和反向逐步特征选择。最佳子集选择方法包括尝试使用数据中 p 个可用特征中的 d 个特征的所有模型可能性，并找到最佳组合，d 的值在 1 到 p 之间。这种方法的主要缺点是潜在的计算时间过长。事实上，即使一些不相关的特征可以很容易地被识别出来，这种方法仍需要测试所有可能的特征组合。即使对于相对较小的数据集，最佳子集选择方法也往往非常耗时。另一种方法，逐步方法通过单向（向前或向后）探索不同的组合，以减少需要测试模型的数量。

正向方法首先拟合所有单特征变量模型（即具有单个特征变量的模型）。一旦确定了最佳选项，就会选择这个特征变量。下一步考虑所有含两个特征变量的模型（其中第一个特征变量是在第一步中确定的）。更准确地说，该方法将探索包含先前选定特征的所有特征对，然后，将选择出模型预测表现最佳的一对特征变量。这一过程以同样的方式继续。在该过程结束时，我们获得了 p 个模型（其中 p 是特征变量的总数），其中每个模型都是使用不同数量的特征构建的。然后，我们选择性能最好的模型及相应特征组合。

反向方法采用了类似的思路，只是它从包含所有可用特征的初始模型开始，一次删除一个特征变量。为了简洁起见，我们将仅说明正向方法及其详细实现方式。

3.5.1.2　AIC 和 BIC

回想一下，我们使用以下等式研究了周销量与各种特征变量之间的关系：

$$\text{weekly sales} = \beta_{\text{intercept}} + \beta_{\text{price}} * X_{\text{price}} + \beta_{\text{price}-1} * X_{\text{price}-1} + \cdots + \beta_{\text{vendor10}} * X_{\text{vendor10}} + \varepsilon$$

AIC 公式的一般版本基于最大似然。为了简单起见，我们将使用 AIC 的简化版本。具体来说，我们放弃了原公式中的常数项，因为我们只对比较几个模型之间 AIC 的差异感兴趣，并且我们假设残差（ε）遵循正态分布。在这种情况下，AIC 由以下公式得出：

$$\text{AIC} = \frac{\text{RSS} + 2d\,\hat{\sigma}^2}{n\,\hat{\sigma}^2}$$

其中，d 是特征变量数量；n 是样本数量；$\hat{\sigma}^2$ 是 ε 方差的估计值（从包含所有特征的模型中获得）；RSS 是残差平方和（定义见第 1 章）。

从 AIC 公式中我们可以得到以下结论——增加特征变量数量（即 d 值）将产生两种效果：

- 提高模型性能，从而降低 RSS 值，进而降低 AIC
- 增加惩罚项 $2d\,\hat{\sigma}^2$，这将增加 AIC

AIC 的目的是比较这两种效应带来的影响。为了获得较小的 AIC，只有当 RSS 值的减少超过惩罚项的增加时，我们才会添加新特征变量。

同样，我们对 BIC 的定义如下：

$$\text{BIC} = \frac{\text{RSS} + \log(n)d\,\hat{\sigma}^2}{n\,\hat{\sigma}^2}$$

AIC 和 BIC 之间的唯一区别是因子 2 在惩罚项中被 $\log(n)$ 替换。

由于 n 是观察样本的数量,这意味着对于较大的 n 值,相对于 AIC,BIC 将对特征变量数量 d 的增加更敏感。

接下来,我们将介绍一个执行正向特征选择过程的函数。在该函数中,p 是希望选择的特征数(由使用者决定)。然后,该函数在仅使用单个特征的情况下计算选定的度量(默认情况下为 AIC)。在选择 AIC 值最小的特征后,该函数将向先前选择的特征中添加一个附加特征,并计算新的 AIC 值。这一过程将继续下去,直到我们得到 p 个选定特征的子集。

```
def forward_stepwise_selection(data, p, metric='aic'):
    """
    Perform selection of p features on a dataset

    p: highest number of features used to train each model
    metric: aic (default) or bic

    Returns best trained model and list of features selected
    """

    available_features = set(data.columns)
    selected = []
    current_score, best_new_score = 1000, 1000

    overall_selected = []
    while available_features and current_score == best_new_score and
        len(selected) < p:

        scores_with_candidates = []
        for candidate in available_features:

            selected_candidates = selected.copy()

            selected_candidates.append(candidate)
```

```
        # print ( selected_ candidates )
        if metric == ' aic ':
         score = OLS ( y_ train_ primer,
                     X_ train_ primer [selected_ candidates]
                     ) .fit ( ) .aic
        elif metric == ' bic ':
         score = OLS ( y_ train_ primer,
                     X_ train_ primer [selected_ candidates]
                     ) .fit ( ) .bic
        else:
         print ( ' Metric not supported ' )
         break
        scores_ with_ candidates. append ( ( score, candidate ) )
      scores_ with_ candidates. sort ( reverse = True )
      best_ new_ score, best_ candidate = scores_ with_ candidates.pop
                                    ( )
      # remove the selected feature from available features:
      available_ features. remove ( best_ candidate )
      selected. append ( best_ candidate )  # add it to our list of
            features selected

      # display results at each stage
       print ( str ( len ( selected ) ) +'. : ', selected, best_
new_ score )

      # if this model generates an improvement we record it
      if current_ score > best_ new_ score:
         current_ score = best_ new_ score
         overall_ selected = selected. copy ( )

  model = OLS ( y_ train_ primer, X_ train_ primer [overall_
         selected]) .fit ( )
   return ( model, overall_ selected )
```

上述函数返回选定特征的训练模型,以及得到选定指标的最佳结果的特征子集。

当使用 AIC 时（在下面的示例中，我们令 $p=10$），命令如下：

```
model, selected = forward_stepwise_selection(X_train_
                    primer, 10, 'aic')
print(selected)
print(model.aic)
```

选定三个特征后的输出以及产生的 AIC 值如下所示：

1. ：['vendor_10'] 718.7550022483708

2. ：['vendor_10', 'price'] 711.9902300153797

3. ：['vendor_10', 'price', 'month_5'] 709.5003738038225

4. ：['vendor_10', 'price', 'month_5', 'month_7'] 708.9123972788229

5. ：['vendor_10', 'price', 'month_5', 'month_7', 'color_blue'] 708.9123972788229

6. ：['vendor_10', 'price', 'month_5', 'month_7', 'color_blue', 'color_gold'] 708.9123972788229

如我们所见，当使用以下四个特征时，获得了 708.91 的最小 AIC 值：['vendor_10', 'price', 'month_5', 'month_7']。

接下来，我们应用这四个特征建立需求预测模型并计算 OOS R^2 和 MSE。

```
model = OLS(y_train_primer, X_train_primer[selected])
model = model.fit()
y_pred_primer = list(model.predict(X_test_primer[selected]))
from sklearn.metrics import r2_score, mean_squared_error
print('OOS R2: ', round(r2_score(y_test_primer, np.array
      (y_pred_primer)), 3))
```

```
print ('OOS MSE: ', round (mean_ squared_ error ( y_ test_ primer,
    np.array ( y_ pred_ primer ) ) , 3 ) )
```

结果如下：

OOS R2: 0.306

OOS MSE: 3740.378

当使用 BIC（具有 $p=6$ 个特征变量）时，命令如下：

```
model, selected = forward_ stepwise_ selection ( X_ train_
            primer, 6, 'bic' )

print ( selected )
print ( model.bic )
```

选定三个特征后的输出以及产生的 BIC 值如下所示：

1. : ['vendor_ 10'] 720.9745099535469

2. : ['vendor_ 10', 'price'] 716.4292454257319

3. : ['vendor_ 10', 'price', 'month_ 5'] 716.1588969193508

4. : ['vendor_ 10', 'price', 'month_ 5', 'color_ blue'] 716.1588969193508

5. : ['vendor_ 10', 'price', 'month_ 5', 'color_ blue', 'color_ gold'] 716.1588969193508

6. : ['vendor_ 10', 'price', 'month_ 5', 'color_ blue', 'color_ gold', 'color_ green'] 716.1588969193508

如我们所见，当使用以下三个特征时，获得了 716.16 的最小 BIC 值：['vendor_ 10', 'price', 'month_ 5']。

与之前一样，我们应用这三个特征建立需求预测模型并计算 OOS R^2 和 MSE。

```
model = OLS(y_train_primer, X_train_primer[selected])
model = model.fit()
y_pred_primer = list(model.predict(X_test_primer[selected]))
from sklearn.metrics import r2_score, mean_squared_error
print('OOS R2: ', round(r2_score(y_test_primer, np.array
    (y_pred_primer)), 3))
print('OOS MSE: ', round(mean_squared_error(y_test_primer,
    np.array(y_pred_primer)), 3))
```

结果如下：

OOS R2：0.327

OOS MSE：3625.572

值得一提的是，如果我们按照 BIC 进行选择，即使使用三个特征而不是四个特征（根据 AIC 获得），也会获得更好的结果（在预测精度方面）。

虽然执行正向选择比测试所有可能的特征组合更有效，但它不是一种最佳方法。在正向分步选择过程中，所有模型均基于上一步选择的特征建立，这意味着算法选择的特征序列将取决于第一个选择的特征。如前所述，可以应用基于反向逐步选择过程的类似方法，从包含所有可用特征变量的模型开始，在每次删除单个特征后迭代计算 AIC 或 BIC。然后重复该过程，直到获得预测性能最佳的模型。

另一种方法（尽管不太常见）是通过查看不同特征变量的系数的统计显著性来进行特征选择。在观察拟合系数时，可能需要特别关注其符号和统计显著性。例如，价格系数预计为负，而主页上的特推变量的系数预计为正。此外，我们还可以查看拟合系数的统计显著性（由 p 值获得）。[①] 当 p 值较低（例如低于 0.05）时，意味着此拟合系数具有统

---

① CASELLA G, BERGER R L. Statistical inference [M]. 2nd ed. Pacific Grove：Duxbury Press，2002.

计显著性。需要强调的是,这种方法在预测分析任务(如需求预测)中不太常见,更适用于因果推断和计量经济学相关的任务。

总之,特征选择的主要目的是简化模型并减少过度拟合的风险。接下来,我们将讨论几种执行正则化的经典方法,并详细阐述它们改进预测模型的能力。

3.5.2 Lasso 正则化

3.5.2.1 单个 SKU 的 Lasso 正则化

我们的第一种正则化方法称为 Lasso(最小绝对收缩和选择算子),属于收缩方法。收缩方法使用所有特征变量以及算法来优化分配给每个特征变量的系数值。

为了计算每个特征变量的系数,Lasso 方法使用与 OLS 类似的方式优化系数,同时加入附加惩罚,来使一些系数为零。具体来说,Lasso 对残差平方和(RSS)以及系数(β_j)的绝对值进行惩罚,如下所示:

$$\min_{\beta_1,\cdots,\beta_p} \sum_{i=1}^{n}(r_i - \sum_{j=1}^{p}\beta_j X_{ij})^2 + \alpha \sum_{j=1}^{p}|\beta_j|$$

其中,p 是特征数量;n 是 SKU 数量;r_i 是 SKU i 的实际销量;β_j 是特征 j 的系数;α 是调整参数(我们在下面提供了如何选择参数调整的更多详细信息)。Lasso 方法将选择具有非零系数的特征变量。

我们使用 sklearn 的 Lasso 库[①],如下所示:

```
from sklearn import linear_model
lasso_model = linear_model.Lasso(alpha=1.0)
lasso_model.fit(X_train_primer, y_train_primer)
```

---

① https://scikit-learn.org/stable/modules/generated/sklearn.linear_model.Lasso.html.

零售业需求预测

由于 Lasso 是我们讨论的第一种正则化方法，我们将首先介绍在一个特定 SKU（SKU 11）实现的细节，然后将其扩展到分散式方法中。而在介绍下一种正则化方法时，我们将直接针对分散式方法，不再详细介绍 SKU 11 的应用过程，以避免重复。

参数 α 表示正则化惩罚项的权重。增加 α 的值会增加第二项（估计系数的值）的权重，从而减少 Lasso 选择的最终特征数。在实践中，为了确定 α 的最佳值，可以尝试不同的 α 值（例如通过使用随机或网格搜索过程），并比较不同选择的预测性能。在图 3.1 中，我们给出了不同 α 值的对应结果（y 轴是 OOS R^2，x 轴是 α 的对数）。从图中可以看出，在这种情况下，我们观察到当 α 值在一定范围内变化时，它具有相当稳定的性能（当 α 开始变大时，预测性能下降）。在下文中，我们令 α 值等于 1.0。

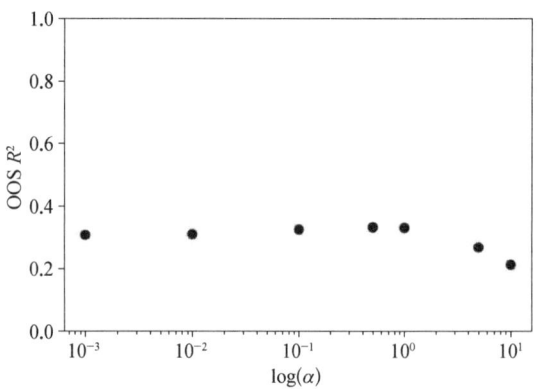

图 3.1　SKU 11 在不同 α 下的预测表现

我们将在第 4 章介绍一个更严格的超参数调整过程。

```
lasso_df = pd.DataFrame(list(zip(X_primer.columns,
                                 lasso_model.coef_)),
                        columns = ['feature', 'coefficient'])

# zip iterates on tuples and bring items together
```

```
lasso_df[lasso_df.coefficient!=0]
```

在表 3.1 中，当我们将 α 值设置为 0.5 或 1.0 时，得出了不同系数的估计值。

表 3.1 当 α = 0.5，α = 1.0 时 Lasso 回归估计的系数

Feature	Coefficient α = 0.5	Coefficient α = 1.0
price	−6.61	−6.41
price-1	−2.45	−2.16
feat_main_page	8.02	—
trend	3.36	1.31
month_5	37.80	28.73
month_6	9.93	—
month_7	24.31	16.77
month_9	−16.89	−8.89
month_10	0.22	—
OOS R^2	0.334	0.332

随着 α 值的增加，我们减少了 Lasso 方法选择的特征数量，即 α 越高，对相应的特征选择要求越严格。

接下来，我们希望通过计算 OOS R^2 和 MSE 来评估模型性能：

```
y_pred_primer = list(lasso_model.predict(X_test_primer))
print('OOS R2: ', round(r2_score(y_test_primer, np.array
    (y_pred_primer)), 3))
print('OOS MSE: ', round(mean_squared_error(y_test_primer,
    np.array(y_pred_primer)), 3))
```

结果如下：

OOS R2: 0.332

OOS MSE: 3601.29

如我们所见，相对于使用所有特征的模型（对于 SKU 11），我们通过选择 6 个 Lasso 选定的特征变量建立的模型，其性能获得了显著的提升。同时，我们还可以在不降低预测精度的情况下提高模型的可解释性并降低计算成本。具体来说，与基于所有特征的 OLS 模型相比，我们获得了 7.8%（3.3%）的 OOS R^2（MSE）改进。接下来，我们将此过程扩展到适用于所有 44 个 SKU 的分散式方法中。

3.5.2.2 分散式 Lasso 正则化

鉴于 Lasso 在建立适用于 SKU 11 的模型时表现出了令人满意的性能，我们考虑了适用于所有 SKU 的 Lasso 分散式模型。对于每个 SKU，Lasso 将执行特征正则化，选择最相关的特征集，并利用这些选定的特征构建线性回归模型。

```
tZero = time.time()

y_pred = []

skuModelsLasso = {}

for i in skuSet:

  model_i = linear_model.Lasso(alpha = 0.1)
  skuModelsLasso[i] = model_i.fit(X_dict[i]['train'], y_dict[i]
            ['train'])
  y_pred += list(skuModelsLasso[i].predict(X_dict[i]['test']))

print('OOS R2: ', round(r2_score(y_test, np.array(y_pred)), 3))
print('OOS MSE: ', round(mean_squared_error(y_test,
    np.array(y_pred)), 3))
```

```
t = time.time ( )  -tZero
print ( ' Time to compute: ', round ( t, 3 ) , ' sec ' )
```

结果如下：

OOS R2：0.523

OOS MSE：52833.745

Time to compute: 0.037 sec

有趣的是，我们发现 Lasso 分散式模型（稍微）优于 OLS 分散式模型，同时它有更快的训练过程。如前所述，它还可能增强模型的可解释性。

3.5.3 Ridge 正则化

3.5.3.1 Ridge 模型

我们的第二种正则化方法是 Ridge 模型，这种模型类似于 Lasso。具体来说，Ridge 模型基于系数的平方值进行惩罚，而不是基于绝对值。它能解决以下优化问题：

$$\min_{\beta_1,\cdots,\beta_p} \sum_{i=1}^{n}(r_i - \sum_{j=1}^{p}\beta_j X_{ij})^2 + \alpha \sum_{j=1}^{p}\beta_j^2$$

在较高的层次上，Ridge 模型方法假设接近 0 的系数是无关紧要的（即使它们没有达到精确值 0）。定性来看，这意味着 Ridge 模型仍将使用所有特征，并根据其重要性为其分配系数。

有关更多详细信息，请参阅 sklearn 的 Ridge 文档。[1]

---

[1] https://scikit-learn.org/stable/modules/generated/sklearn.linear_model.Ridge.html.

```
from sklearn.linear_model import Ridge
ridge = Ridge ( alpha = 1.0 )
ridge.fit ( X_train_primer, y_train_primer )
```

如前所述，我们将在分散式方法下直接将 Ridge 正则化方法应用于所有 SKU。

3.5.3.2 分散式 Ridge 正则化

实施细节与 Lasso 类似，如下所述。

```
tZero = time.time ( )
y_pred = [ ]
skuModelsRidge = { }

for i in skuSet:
  model_i = Ridge ( alpha = 1 )
  skuModelsRidge [i] = model_i.fit ( X_dict [i] [ 'train' ], y_dict [i]
            [ 'train' ] )
  y_pred += list ( skuModelsRidge [i] .predict ( X_dict [i] [ 'test' ] ) )

print ( 'OOS R2: ', round ( r2_score ( y_test, np.array
    ( y_pred ) ), 3 ) )
print ( 'OOS MSE: ', round ( mean_squared_error ( y_test, np.array
    ( y_pred ) ), 3 ) )

t = time.time ( ) -tZero
print ( 'Time to compute: ', round ( t, 3 ), ' sec ' )
```

结果如下：

OOS R2: 0.571

OOS MSE: 47518.987

Time to compute: 0.145 sec

对于我们的数据集，我们发现 Ridge 正则化分散式方法在 OOS R^2

和 MSE 方面优于 Lasso 正则化分散式方法。

3.5.4 Elastic Net 正则化

3.5.4.1 Elastic Net 模型

最后，我们介绍第三种正则化方法 Elastic Net，它结合了 Lasso 和 Ridge，可以使用两个惩罚参数进行调整：

$$\min_{\beta_1,\cdots,\beta_p} \sum_{i=1}^{n}(r_i - \sum_{j=1}^{p}\beta_j X_{ij})^2 + \alpha_1 \sum_{j=1}^{p}|\beta_j| + \alpha_2 \sum_{j=1}^{p}\beta_j^2$$

更准确地说，Elastic Net 结合了两种正则化类型：L1（用于 Lasso）和 L2（用于 Ridge）。更多详细信息可以在 Elastic Net 回归文档中找到。[①]

以下是此案例的代码：

```
from sklearn.linear_model import ElasticNet
elastic = ElasticNet(alpha=0.05, l1_ratio=0.7)
elastic.fit(X_train_primer, y_train_primer)
```

需要强调的是，sklearn 在 Elastic Net 库中使用的参数（α 和 $l1_{ratio}$）不同于上述方程中使用的参数（α_1 和 α_2）。具体而言，两组参数之间的关系由以下公式得出：

$$\alpha = \alpha_1 + \alpha_2$$

$$l1_{ratio} = \frac{\alpha_1}{\alpha_1 + \alpha_2}$$

我们注意到，使用 $l1_{radio} = 1$（或 $=0$）相当于只考虑 Lasso（或

[①] https://scikit-learn.org/stable/modules/generated/sklearn.linear_model.ElasticNet.html

Ridge）模型。参数值的选择遵循与 Lasso 方法类似的逻辑。

3.5.4.2 分散式 Elastic Net 正则化

接下来，我们使用 Elastic Net 重复相同的过程，以对全部的 44 个 SKU 进行估计。

```
tZero = time.time ( )
y_pred = [ ]
skuModelsElastic = { }

for i in skuSet:
    elastic = ElasticNet ( alpha = 0.05, l1_ratio = 0.3 )
    skuModelsElastic [i] = elastic.fit ( X_dict [i] ['train'], y_dict
                    [i] ['train'] )
    y_pred += list ( skuModelsElastic [i].predict ( X_dict [i] ['test'] ) )
print ( 'OOS R2: ', round ( r2_score ( y_test, np.array ( y_
        pred ) ), 3 ) )
print ( 'OOS MSE: ', round ( mean_squared_error ( y_test,
        np.array ( y_pred ) ), 3 ) )

t = time.time ( ) - tZero
print ( 'Time to compute: ', round ( t, 3 ), 'sec' )
```

结果如下：

OOS R2: 0.585

OOS MSE: 45992.958

Time to compute: 0.064 sec

如我们所见，OOS 预测精度进一步提高。总的来说，可以考虑不同类型的正则化，并根据预测精度选择最佳模型。甚至可以为每个 SKU 选择最佳正则化类型（具有最佳惩罚超参数）。

本节介绍的特征选择方法有助于减少需求预测模型中使用的特征数

量。与特征选择相关的另一种常见方法是将大型初始特征集转换为数量较少的合成特征，这些特征仍然包含大型初始集中存在的大部分相关信息。这种方法被称为降维方法，如主成分分析（PCA）。[1]

3.6 对数变换

通常，我们会使用对数变换来"平滑"倾斜分布（即数据点更集中于一侧的分布）。这种变换可以帮助我们更好地解释数据模式。此外，这些变换有助于满足数学模型所需的统计假设。例如，在线性回归中，假设残差为正态分布，偏态分布可能导致统计显著性方面的估计值不可靠。

可以使用数据可视化来确定要执行对数变换的变量。其目的是识别分布中的偏度模式或变换变量之间的线性关系。这通常可以提供执行变换的直观信息。然后，应在拟合预测模型之前进行变换。最终，将对数变换决策同时基于数据可视化模式和性能指标可能是一个好的策略。接下来，我们将讨论两种类型的对数变换。

3.6.1 价格变量的对数变换

在一些零售数据集中，当绘制价格直方图时，我们观察到其分布遵循对数正态模式，这意味着价格的对数（也称为对数价格）遵循正态分布。在这种情况下，可能需要对价格变量执行对数变换。当我们绘制价格和对数价格的直方图时，可以清楚地确认这种模式（图 3.2、图 3.3）。

---

[1] HASTIE T, TIBSHIRANI R, FRIEDMAN J. The elements of statistical learning: data mining, inference, and prediction [M]. 2nd ed. Cham: Springer, 2009.

零售业需求预测

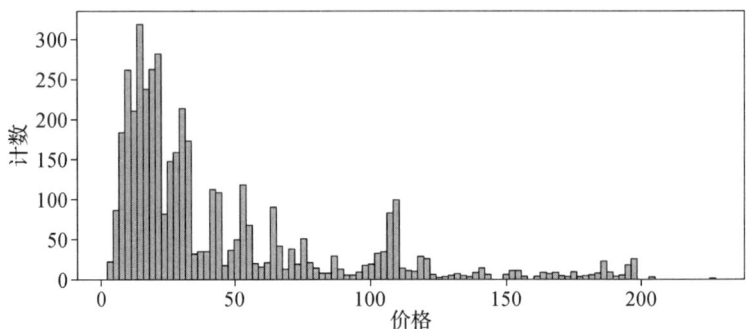

图 3.2　所有 SKU 和周的价格分布

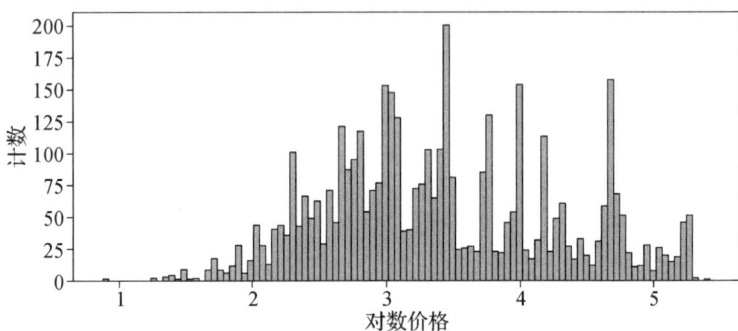

图 3.3　所有 SKU 和周的对数价格分布

以下是用于绘制图 3.2 和图 3.3 的代码。这些图显示了所有 SKU 和所有周的价格和对数价格分布。

```
df_plots = pd.DataFrame()
df_plots['sales'] = sales['weekly_sales']
df_plots['price'] = sales['price']
df_plots['logprice'] = np.log(sales['price'])

import seaborn as sns
import matplotlib.pyplot as plt
color = sns.color_palette(palette='colorblind')[3]

plt.figure(figsize=(15, 6))
```

```
graph = sns.histplot ( data = df_plots, x = 'price', bins = 100,
    color = color )
plt.title ( 'Distribution of prices', fontsize = 15 )
plt.xlabel ( 'Price' )
plt.show ( )

plt.figure ( figsize = ( 15, 6 ) )
graph = sns.histplot ( data = df_plots, x = 'logprice', bins = 100,
    color = color )
plt.title ( 'Distribution of Log-prices', fontsize = 15 )
plt.xlabel ( 'Log-price' )
plt.show ( )
```

此外，我们还可以绘制销量和价格的函数关系图（即将所有44个SKU的销量相加）。当我们分别使用价格和对数价格时，结果如图3.4和图3.5所示。总体感觉是，线性回归更适合对数价格，而不是价格。这促使我们考虑模型时选用对数价格。图3.4和图3.5的代码如下所示。

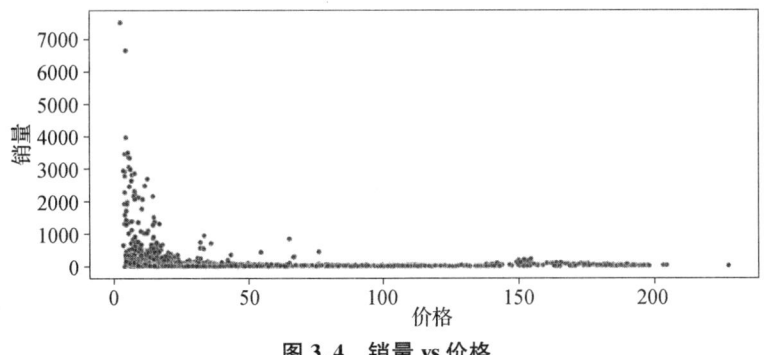

图3.4　销量 vs 价格

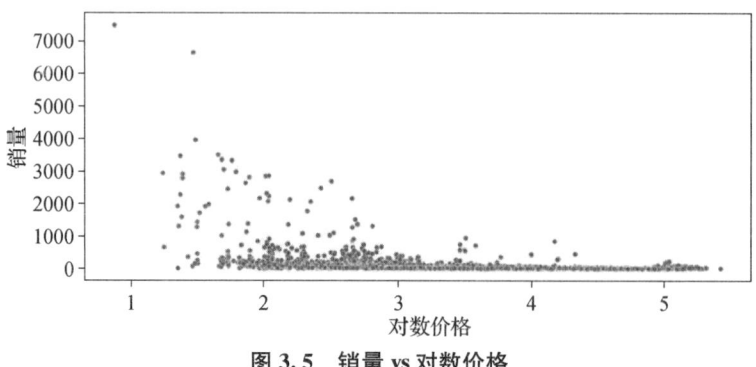

图 3.5 销量 vs 对数价格

```
plt.figure(figsize=(15, 6))
plt.title('Sales vs Price', fontsize=15)
sns.scatterplot(data=df_plots, x='price', y='sales', color=
          color)
plt.xlabel('Price')
plt.ylabel('Sales')
plt.show()

plt.figure(figsize=(15, 6))
plt.title('Sales vs Log-price', fontsize=15)
sns.scatterplot(data=df_plots, x='logprice', y='sales',
          color=color)
plt.xlabel('Log-price')
plt.ylabel('Sales')
plt.show()
```

比较图 3.4 和图 3.5，可以看出，对价格变量进行对数变换是可取的。事实上，相对于销量和价格之间的关系，销量和对数价格之间的关系似乎更接近于线性模式。再一次强调，这里的目标是培养直觉，然后使用定量方法对其进行适当检验。进一步验证的一个好方法是比较进行对数变换前后的预测精度，我们将在后面讨论。

请注意，我们的讨论重点是对当前价格进行对数变换的可行性。

类似的方法也可以用来决定是否对滞后价格以及其他变量进行对数变换。接下来，我们将讨论对目标变量（即，周销量）进行对数变换的策略。

3.6.2　目标变量的对数变换

另一种常见的方法是对目标变量进行对数变换。在这种情况下，进行对数转换有时可以更好地捕获趋势和数据模式。数据集中销量的分布情况如图 3.6 和图 3.7 所示。再一次，我们可以看到分布中的偏斜现象。

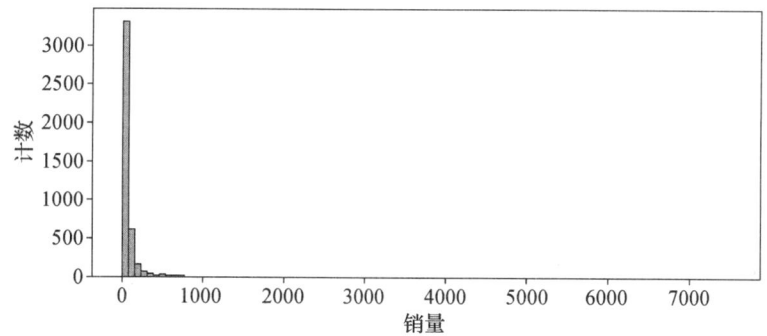

图 3.6　所有 SKU 和周销量分布

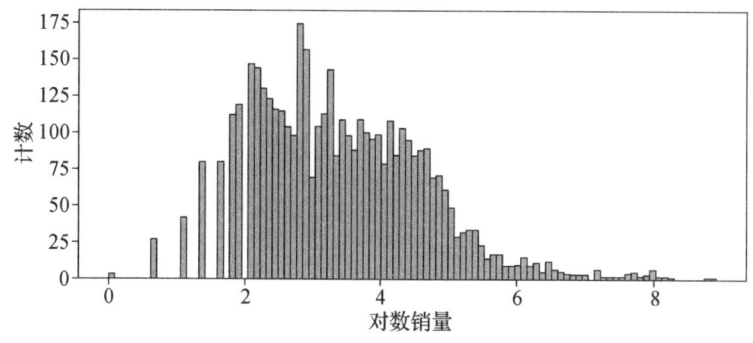

图 3.7　所有 SKU 和周对数销量分布

图 3.8 还展示了对数销量与对数价格的关系图，表明对目标变量进行对数变换可能是有益的。我们强调，这些结果应仅解释为对数变换可能有用这一事实的潜在信号，但并不意味着它们必然有益。为了得出确定的结论，需要进行变换并运行模型。

```
df_plots['logsales'] = np.log(sales['weekly_sales']+1)
```

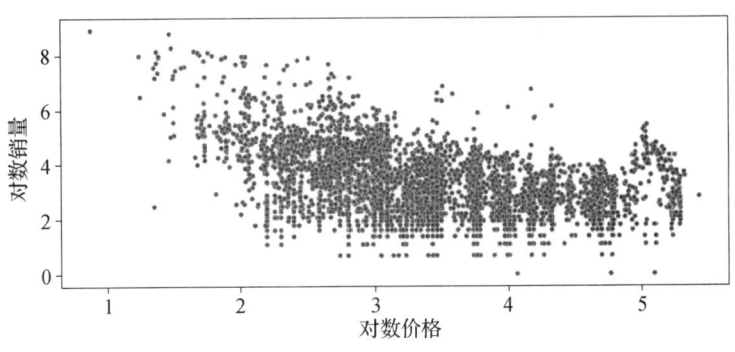

图 3.8 对数销量 vs 对数价格

注：将对数函数应用于变量时，需要小心零值，以避免产生无限值。在我们的案例中，这不是一个重大问题，因为我们通常不会观察到每周零销量。具体来说，我们只有三个零周销量出现，这仅仅是我们观察样本的 0.07%。为了解决这个问题，我们将对数函数应用于 weekly_sales+1（而不是 weekly_sales）。另一种常见的方法是加上一个较小的常数（例如 0.001），或简单地移除具有零值的观察样本（假设它们仅代表数据集的一小部分）。

3.6.3 变换和预测精度

在对价格（滞后价格）和销量进行对数变换后，我们可以考虑对以下三个模型进行估计：

3 常规需求预测模型

线性模型

$$\text{weekly sales}_i = \beta_{\text{intercept } i} + \beta_{\text{price } i} * X_{\text{price } i} + \beta_{\text{price}-1\ i} * X_{\text{price}-1\ i} +$$
$$\beta_{\text{price}-2\ i} * X_{\text{price}-2\ i} + \cdots + \beta_{\text{vendor10}\ i} * X_{\text{vendor10}\ i} + \varepsilon_i$$

对数—线性模型

$$\text{weekly sales}_i = \beta_{\text{intercept } i} + \beta_{\text{price } i} * \log(X_{\text{price } i}) + \beta_{\text{price}-1\ i} *$$
$$\log(X_{\text{price}-1\ i}) + \beta_{\text{price}-2\ i} * \log(X_{\text{price}-2\ i}) + \cdots +$$
$$\beta_{\text{vendor10}\ i} * X_{\text{vendor10}\ i} + \varepsilon_i$$

对数—对数模型

$$\log(\text{weekly sales}_i) = \beta_{\text{intercept } i} + \beta_{\text{price } i} * \log(X_{\text{price } i}) + \beta_{\text{price}-1\ i} *$$
$$\log(X_{\text{price}-1\ i}) + \beta_{\text{price}-2\ i} * \log(X_{\text{price}-2\ i}) + \cdots +$$
$$\beta_{\text{vendor10}\ i} * X_{\text{vendor10}\ i} + \varepsilon_i$$

线性模型假设每周销量与价格呈线性关系。对数—线性模型假设每周销量与价格的对数呈线性关系。最后，对数—对数模型假设每周销量的对数与价格的对数呈线性关系。这三个模型中的每一个都可以利用OLS进行估计。如前所述，还可以考虑这样一种模型，即只对当前价格进行对数变换，而不对滞后价格进行对数变换；反之亦然。如我们所见，应用对数变换可以将加法需求模型转换为乘法模型。

接下来，我们将深入研究对数线性模型的代码。首先，我们将对数变换应用于数据；然后，构造数据；最后，利用分散式方法估计参数。

```
sales_log_lin = sales.copy()
sales_log_lin['price'] = np.log(sales_log_lin['price'])
sales_log_lin['price-1'] = np.log(sales_log_lin['price-1'])
sales_log_lin['price-2'] = np.log(sales_log_lin['price-2'])
```

对数—对数模型的代码遵循完全相同的逻辑，为了简洁起见，我们省略了代码。唯一的区别是，我们对销量进行了对数变换，然后构造和估计了模型参数。

```
sales_log_log = sales.copy()
sales_log_log['price'] = np.log(sales_log_log['price'])
sales_log_log['price-1'] = np.log(sales_log_log['price-1'])
sales_log_log['price-2'] = np.log(sales_log_log['price-2'])
sales_log_log['weekly_sales'] = np.log(sales_log_log
                                       ['weekly_sales']+1)
```

在计算该配置（对数—线性模型）的 OOS R^2 时，重要的是不要忘记取预测值的指数以获取预测需求值（而不是销量的对数）。请注意，变量 y_test 是周销量（而不是周销量的对数）。

```
## Don't forget to take the exponential of the predicted values
y_pred = np.exp(y_pred_log) - 1
y_test = np.exp(y_test_log) - 1
## Then compute the R2
print('OOS R2: ', r2_score(y_test, np.array(y_pred)))
```

三种模型的 OOS 精度结果如表 3.2 所示。

表 3.2　模型在对数变换和非对数变换下的 OOS R^2 的比较

Model	OOS R^2
Linear (decentralized)	0.517
Log-linear (decentralized)	0.558
Log-log (decentralized)	0.200

在我们的例子中，我们发现对数—线性模型的预测精度最高。当然，根据业务设定和数据集，上述三种模型中的任何一种都可能产生最佳预测效果。一种常见的策略是测试所有三种模型并选择最佳模型，另一种（更耗时的）则是为每个 SKU 尝试所有三种模型，并为每个特定

的 SKU 选择最佳模型。

注：图 3.8 似乎表明对数—对数模型比对数—线性模型效果更好，尽管在预测精度方面并没有提升。一个可能的原因是，其他变量（如滞后价格、季节性）的影响未在该图中体现出。这就是为什么要通过正式拟合和比较不同模型的预测精度来检查数据可视化的直观性。建模可以被视为一门艺术，虽然一些规则可以提供良好的直观性，但特征选择没有通用规则。

最后，我们强调存在其他的（非线性）变换，并且有时也可能需要考虑这些变换。例如多项式（如二次方程）、平方根或 Box-Cox 变换（幂函数）。

3.7 SKU 固定效应的集中式方法

正如我们之前看到的那样，集中式 OLS 方法相对于分散式方法的预测表现较差。这可能是由于模型无法捕捉特定 SKU 的特征。一种可能的改进方法是考虑一个集中式模型，其中每个 SKU 都有不同的截距参数（但其他估计参数相同）。这些参数通常被称为"SKU 固定效应"，旨在捕捉在时间段不变的情况下，不同 SKU 每周销量的差异。然而，其他参数（例如价格和季节性）仍以集中式方式进行估计。直观地说，我们将分散式方法应用于几个特征，将集中逻辑应用于其他特征。在这种情况下，模型可以表示为：

$$\text{weekly sales} = \beta_{\text{intercept}} + \beta_{\text{price}} * X_{\text{price}} + \beta_{\text{price}-1} * X_{\text{price}-1} + \cdots + \beta_{\text{vendor10}} * X_{\text{vendor10}} + \beta_{\text{sku 1}} * X_{\text{sku 1}} + \cdots + \beta_{\text{sku 44}} * X_{\text{sku 44}} + \varepsilon$$

每个 $X_{\text{sku }i}$ 是一个二进制变量，变量对应于 SKU i 的行等于 1，其余等于 0。构建此类特征变量的代码如下：

```
# copy the sales dataset into sales_fe_sku
sales_fe_sku = sales.copy()

# encoding of the sku feature
sales_fe_sku = pd.get_dummies(data = sales_fe_sku, columns =
            ['sku'])

# we need to keep the sku feature to build the dictionaries later
sales_fe_sku['sku'] = sales['sku']
```

在集中式模型中，我们之前讨论的共有 48 个特征变量。在具有 SKU 固定效应的集中式方法中，我们为 44 个 SKU 中的每一个添加了一个二进制特征，因此特征变量的总数达到 92。

我们可以利用与之前相同的代码，用 sales_fe_sku（"fe"代表固定效应）而不是 sales 数据构建字典，然后分割数据，最后评估 SKU 固定效应集中式模型。

```
skuSet = list(sales_fe_sku.sku.unique())  # the SKU numbers
        do not change
skuData = {}
colnames = [i for i in sales_fe_sku.columns if i not in
['week', 'weekly_sales', 'sku']]
for i in skuSet:
    df_i = sales_fe_sku[sales_fe_sku.sku == i]
    skuData[i] = {'X': df_i[colnames].values,
                'y': df_i.weekly_sales.values}
X_dict = {}
y_dict = {}

y_test = []
```

```
y_train = []

for i in skuSet:
    X_train_i, X_test_i = np.split(skuData[i]['X'], [68]) #
            split for X
    y_train_i, y_test_i = np.split(skuData[i]['y'], [68]) #
            split for y
    X_dict[i] = {'train': X_train_i, 'test': X_test_i} # filling
            dictionary
    y_dict[i] = {'train': y_train_i, 'test': y_test_i}
    y_test += list(y_test_i)
    y_train += list(y_train_i)
```

一旦创建了相关的训练和测试数据集,我们就可以使用训练集拟合模型参数,并在测试集上评估预测表现。

```
import time
tZero = time.time()

X_cen_train = X_dict[skuSet[0]]['train'] # initialization
            with item 0
X_cen_test = X_dict[skuSet[0]]['test']

for i in skuSet[1:]: # Iteration over items
    X_cen_train = np.concatenate((X_cen_train, X_dict[i]
            ['train']), axis = 0)
    X_cen_test = np.concatenate((X_cen_test, X_dict[i]['test']),
            axis = 0)

model_cen = LinearRegression().fit(X_cen_train, y_train)
print('OOS R2: ', round(r2_score(y_test, model_cen.predict
    (X_cen_test)), 3))
```

```
print ('OOS MSE: ', round (mean_squared_error (y_test, model_cen.
    predict (X_cen_test) ), 3 ) )

t = time.time ( )  -tZero
print ('Time to compute: ', round (t, 3 ), 'sec')
```

结果如下：

OOS R2: 0.298

OOS MSE: 77763.005

Time to compute: 0.046 sec

然后，我们可以输出拟合系数的值：

```
fixed_effect_sku =
    pd.DataFrame (zip (colnames_fe_sku, model_cen.coef_ ),
            columns = ['feature', 'coef'])
```

估计系数的简明情况如表3.3所示（我们仅报告主页中的价格变量系数和趋势）。

如我们所见，基于我们的数据集，添加二进制变量sku_i（$i=1$, 2, $\cdots$, 44）的集中式方法相对于原集中式方法预测精度有所提高。可以将这些sku_i系数解释为每个SKU的每周销量相对于所有SKU的平均销量的平均修正。进一步来说，当SKU遵循不同的销售模式时，添加SKU固定效应通常会改善模型的预测效果。一般来说，可以考虑添加不同类型的固定效应，例如类别、子类别和品牌。例如，同一品牌的所有SKU可能具有相同的截距。设置固定效应的粒度和结构的正确方法在很大程度上取决于业务环境和数据。

表 3.3 具有 SKU 固定效应的集中式方法的估计系数

Feature	Coefficient
price	−1.71
price-1	−0.16
price-2	0.87
feat_main_page	61.5
trend	−1.88

3.8 价格固定效应的集中式方法

集中式模型的另一种扩展涉及合并价格固定效应，即考虑每个 SKU 的不同价格系数：

$$\text{weekly sales} = \beta_{\text{price}} * X_{\text{price}} + \beta_{\text{price}-1} * X_{\text{price}-1} + \cdots + \beta_{\text{vendor10}} * X_{\text{vendor10}} + \beta_{\text{price1}} * X_{\text{price1}} + \cdots + \beta_{\text{price44}} * X_{\text{price44}} + \varepsilon$$

每个 $X_{\text{price }i}$ 是一个变量，等于 SKU i 对应行的价格，其余为 0。该模型部分捕获了不同 SKU 之间的互补和替代效应。我们在表 3.4 中说明了如何为三个 SKU 构建价格固定效应变量。

表 3.4 三个 SKU 的价格固定效应变量示例

SKU	price	Price-fixed effect 1	Price fixed effect 2	Price fixed effect 3
1	10.6	10.6	0	0
2	15.8	0	15.8	0
3	8.5	0	0	8.5

从实际角度来看，可以通过使用以下循环将 price 特征与二进制变量 sku_i 相乘来构建价格固定效应变量：

```
sales_fe_price = sales.copy()

for i in range(1, 45):
    sales_fe_price['price_fixed_effect_'+str(i)] = 
            sales_fe_sku['price'] * sales_fe_sku['sku_'+str(i)]
```

然后，我们可以通过检查 SKU 5 的价格固定效应值来检查我们是否达到了预期目标（输出如表 3.5 所示）：

```
sales_fe_price[sales_fe_price.sku == 5][
        ['price_fixed_effect_5', 'price_fixed_
        effect_6']]
```

表 3.5 SKU 5 的价格固定效应值

Week	SKU	price_fixed_effect_5	price_fixed_effect_6
2016-11-14	5	8.08	0.0
2016-11-21	5	8.99	0.0
2016-11-28	5	8.10	0.0
2016-12-05	5	6.18	0.0
2016-12-12	5	8.06	0.0
...	...	...	...
2018-08-27	5	10.09	0.0
2018-08-27	5	10.99	0.0
2018-09-10	5	8.99	0.0
2018-09-17	5	8.99	0.0
2018-09-17	5	10.99	0.0

price_fixed_effect_5 列包含 SKU 5 的价格值，而 price_fixed_effect_6 列仅包含零，这是因为 SKU 6 的价格固定效应不应应用于 SKU 5。同样，我们可以得到 SKU 6 的这些值（输出如表 3.6 所示）。

```
sales_fe_price [sales_fe_price.sku == 6] [
    ['week', 'sku', 'price_fixed_effect_5', 'price_
    fixed_effect_6']]
```

表 3.6　SKU 6 的价格固定效应值

Week	SKU	price_fixed_effect_5	price_fixed_effect_6
2016-11-14	6	0.0	20.99
2016-11-21	6	0.0	34.18
2016-11-28	6	0.0	20.94
2016-12-05	6	0.0	19.86
2016-12-12	6	0.0	17.10
...	...	...	...
2018-08-27	6	0.0	41.99
2018-08-27	6	0.0	41.99
2018-09-10	6	0.0	35.22
2018-09-17	6	0.0	63.99
2018-09-17	6	0.0	43.99

与 SKU 固定效应的情况一样，我们构建了新的数据集 sales_fe_price。鉴于我们已经为每个 SKU 使用了 price_fixed_effect 变量，因此我们将 price 变量添加到要移除的特征变量列表中。

```
X_dict = {}
y_dict = {}

y_test = []
y_train = []

for i in skuSet:
```

零售业需求预测

```
X_train_i, X_test_i = np.split(skuData[i]['X'],[68]) #
                split for X
y_train_i, y_test_i = np.split(skuData[i]['y'],[68]) #
                split for y

X_dict[i] = {'train': X_train_i, 'test': X_test_i} # filling
        dictionary
y_dict[i] = {'train': y_train_i, 'test': y_test_i}

y_test += list(y_test_i)
y_train += list(y_train_i)
```

一旦创建了相关的训练和测试数据集，我们就可以使用训练集估计模型参数，并在测试集上评估性能。

```
tZero = time.time()
X_cen_train = X_dict[skuSet[0]]['train'] # initialization
            with item 0
X_cen_test = X_dict[skuSet[0]]['test']

for i in skuSet[1:]: # Iteration over items
  X_cen_train = np.concatenate((X_cen_train, X_dict[i]
            ['train']), axis=0)
  X_cen_test = np.concatenate((X_cen_test, X_dict[i]['test']),
            axis=0)

model_cen = LinearRegression().fit(X_cen_train, y_train)
print('OOS R2: ', round(r2_score(y_test, model_cen.predict
    (X_cen_test)), 3))
print('OOS MSE: ', round(mean_squared_error(y_test,
    model_cen.predict(X_cen_test)), 3))

t = time.time() - tZero
print('Time to compute: ', round(t, 3), 'sec')
```

结果如下：

OOS R2：0.367

OOS MSE：70077.111

Time to compute：0.044 sec

如我们所见，在我们的数据集中，对于具有 SKU 固定效应的模型来说，引入价格固定效应可以获得更好的预测精度。然后，我们自然而然地探索了同时结合这两种固定效应的方法。

3.9　SKU-价格固定效应的集中式方法

如果我们将 SKU 效应和价格固定效应结合起来，则有：

$$\text{weekly sales} = \beta_{\text{price}} * X_{\text{price}} + \beta_{\text{price}-1} * X_{\text{price}-1} + \cdots + \beta_{\text{vendor10}} * X_{\text{vendor10}} + \beta_{\text{sku 1}} * X_{\text{sku 1}} + \cdots + \beta_{\text{sku 44}} * X_{\text{sku 44}} + \beta_{\text{price 1}} * X_{\text{price 1}} + \cdots + \beta_{\text{price 44}} * X_{\text{price 44}} + \varepsilon$$

从具有 SKU 固定效果的数据集开始，我们只需要添加价格固定效应。

```
sales_fe_sku_price = sales_fe_sku.copy()
for i in range(1, 45):
  sales_fe_sku_price['price_fixed_effect_'+str(i)] = 
        sales_fe_sku_price['price'] * sales_fe_sku_price
                         ['sku_'+str(i)]
sales_fe_sku_price.head(5)
```

我们再次使用 sales_fe 数据集和新列构建数据集，并对更新后的集中式模型进行评估：

```python
skuSet = list(sales.sku.unique())  # the SKU numbers do not
        change
skuData = {}
colnames =
    [i for i in sales_fe_sku_price.columns
        if i not in ['week', 'weekly_sales', 'sku', 'price']]
for i in skuSet:
    df_i = sales_fe_sku_price[sales_fe_sku_price.sku == i]
    skuData[i] = {'X': df_i[colnames].values,
                  'y': df_i.weekly_sales.values}
```

```python
X_dict = {}
y_dict = {}

y_test = []
y_train = []

for i in skuSet:
    X_train_i, X_test_i = np.split(skuData[i]['X'], [68])  #
                split for X
    y_train_i, y_test_i = np.split(skuData[i]['y'], [68])  #
                split for y

    X_dict[i] = {'train': X_train_i, 'test': X_test_i}  # filling
                dictionary
    y_dict[i] = {'train': y_train_i, 'test': y_test_i}

    y_test += list(y_test_i)
    y_train += list(y_train_i)
```

```python
tZero = time.time()

X_cen_train = X_dict[skuSet[0]]['train']  # initialization
                with item 0
```

```
X_cen_test = X_dict[skuSet[0]]['test']

for i in skuSet[1:]: # Iteration over items
    X_cen_train = np.concatenate((X_cen_train, X_dict[i]
                  ['train']), axis = 0)
    X_cen_test = np.concatenate((X_cen_test, X_dict[i]
                 ['test']), axis = 0)

model_cen = LinearRegression(fit_intercept = True).fit
            (X_cen_train, y_train)
print('OOS R2: ', round(r2_score(y_test, model_cen.predict
    (X_cen_test)), 3))
print('OOS MSE: ', round(mean_squared_error(y_test, model_cen.
    predict(X_cen_test)), 3))

t = time.time() - tZero
print('Time to compute: ', round(t, 3), ' sec')
```

结果如下：

>OOS R2: 0.58
>
>OOS MSE: 46528.813
>
>Time to compute: 0.07 sec

我们发现，与之前的模型相比，结合两种固定效应的模型产生了更好的预测效果。鉴于价格变量的重要性，价格固定效应似乎使我们能够有效利用到很大一部分预测能力。事实上，价格对需求的影响可能因库存单位而异。一般来说，可以尝试为每个特征子集添加固定效应。第 7 章我们将讨论一种方法，用于确定应在聚合级别（即使用集中式方法）与在 SKU 级别（即使用分散式方法）估计的最佳特征子集。

3.10 聚合季节性效应的分散式方法

在一些零售应用中，一种常见的方法是在 SKU 级别估计除季节性系数之外的所有特征（即使用分散式方法）。在许多实际环境中，季节性以相似的方式影响不同产品的需求（例如冰激凌类别中的所有产品在夏季的消费量都较高）。我们在下面介绍的方法允许我们利用来自所有 SKU 的数据联合估计季节性参数的系数，同时还能在 SKU 级别估计与其他特征相关的系数。

在我们的案例中，我们使用月度变量对季节性进行建模（即每个日历月都有其自身对需求的影响）。在这种情况下，每个 SKU i 的需求方程（假设使用线性回归）可以写成如下公式（或等式或表达式）：

$$\text{weekly sales}_i = \beta_{\text{price } i} * X_{\text{price } i} + \beta_{\text{price}-1\, i} * X_{\text{price}-1\, i} + \cdots + \\ \beta_{\text{vendor10 } i} * X_{\text{vendor10 } i} + \beta_{\text{month 1}} * X_{\text{month 1}} + \cdots + \\ \beta_{\text{month 12}} * X_{\text{month 12}} + \varepsilon$$

如前所述，所有 SKU 的月系数均相同。我们强调，当在周级别上估计季节性时，可以采用相同的方法（即，52 个日历周中每个日历周的系数不同）。我们可以实现该模型，并通过执行与我们之前的固定效应模型类似的操作来估计其系数。

进一步来说，我们实现了一种集中式方法，对除月度变量之外的所有特征都有固定的影响。我们首先定义我们想要在 SKU 级别上估计的所有特征（即除月度季节性系数之外的所有特征）：

3 常规需求预测模型

```
colnames_to_fix = [i for i in sales.columns if i not in
                ['week','weekly_sales','sku',
                 'month_2','month_3','month_4','month_5',
                 'Month_6','month_7','month_8','month_9',
                 'month_10','month_11','month_12']]
```

然后，我们为该模型创建一个新的数据集，我们称之为 sales_seasonality。对于每个已识别的特征（即除季节性以外的所有特征），我们按照与前几部分相同的程序创建 44 个 SKU 固定效应。

```
sales_seasonality = sales_fe_sku.copy()

for feature in colnames_to_fix:
  for i in range(1, 45):
    sales_seasonality[str(feature)+'_fixed_effect_'+str(i)] =
            sales_seasonality[feature] * sales_seasonality
                    ['sku_'+str(i)]
sales_seasonality.head(5)
```

以上代码会返回一个销售数据集，其中所有特征都具有 SKU 固定效应。例如：

• feat_main_page_fixed_effect_9 捕捉到主页特推所带来的影响，特别是对 SKU 9 的周销量的影响。

• functionality_02.portable smartphone chargers_fixed_effect_22 代表了便携式智能手机充电器功能对每周销量的影响，特别是对 SKU 22 的影响。在我们的案例中，只有变量 week、weekly_sales、sku 和 month 不具有固定效应。

下一步，我们构建训练集和测试集。与之前一样，我们从训练特征中移除了变量 week、weekly_sale 和 sku。在这种情况下，我们还需要移除在 SKU 级别创建的原始特征变量，以避免重复。例如，我们需要移除原始的价格特征变量,因为我们已经创建了 44 个价格固定效应变量(在下面的代码中,我们称已移除的特征变量为 colnames_to_fix):

```
skuSet = list(sales.sku.unique())  # the SKU numbers do
        not change
skuData_seasonality = {}
colnames_seasonality = 
        [i for i in sales_seasonality.columns
            if i not in ['week', 'weekly_sales', 'sku']
                and i not in colnames_to_fix]
for i in skuSet:
    df_i = sales_seasonality[sales_seasonality.sku == i]
    skuData_seasonality[i] = {'X': df_i[colnames_seasonality].values,
                    'y': df_i.weekly_sales.values}
```

该过程的其余部分与之前完全相同,为了简洁起见我们将其省略。结果如下:

OOS R2: 0.616

OOS MSE: 42516.749

Time to compute: 2.658 sec

有趣的是,在聚合级别估计季节性系数的分散式方法得出了我们迄今为止获得的最佳预测效果。回想一下,该模型与分散式方法之间的唯一区别(导致 0.517 的 OOS R^2)是我们考虑月度变量的级别不同。改进后的性能有助于验证我们的假设,即在我们的数据集中,季节性似乎均匀地影响各种 SKU 的需求。因此,汇集所有 SKU 的观察样本,可以使我们更准确地估计季节性系数。考虑不同的聚合级别来估计某些特征变量是一种强大的工具,通常可以提高预测精度。我们将在章节 7.2 中介绍一种更先进的数据驱动方法,以系统地找到正确的数据聚合级别。

3.11 小结与下一步

我们观察到在我们的数据集中，分散式方法明显优于集中式方法（在 OOS R^2 和 MSE 方面）。然而，与集中式方法相比，分散式方法的训练和评估时间要长三倍（鉴于我们的数据集规模较小，计算时间仍低于 0.1 秒，但对更大规模数据集来说，这可能成为一个无法忽视的问题）。与观察样本较多的 SKU 相比，分散方法可能会使模型在观察样本较少的 SKU 上的预测性能降低。我们还观察到，通过应用特征正则化和特征变换（例如对数变换），可以提高模型预测精度。

接下来，我们将进一步研究以下方面：

• 在第 4 章中，我们考虑了机器学习技术，尤其是基于树的方法。鉴于我们的数据集规模较小，我们将不考虑任何基于深度学习的技术（这些技术将在第 7 章中简要讨论）。

• 在分散式模型中，我们考虑了每个 SKU 的独立性，而没有利用某些 SKU 之间的潜在相似性。事实上，对类似产品（例如具有相同尺寸和规格的不同电视）的需求很可能具有相似的模式。同样，对于不同颜色或尺寸的相同产品，也很可能具有相似的模式。目前尚不清楚如何通过使用分散式方法来考虑这一点。在第 5 章中，我们讨论了如何利用和实施聚类算法，将相似的 SKU 进行分组，并估计每个 SKU 集群的需求预测模型。通过这样做，我们将建立介于集中式和分散式方法之间的模型。

4

基于树的方法

在本节中，我们将探讨基于树的需求预测方法。这些模型因其强大的预测能力而得到广泛应用。在简单性、可解释性和预测精度方面，使用简单的决策树与使用更复杂的方法之间往往存在权衡。

我们将考虑三种类型的方法：决策树、随机森林和梯度提升树。这些模型通常用于机器学习，主要用于分类任务。在本书中，我们将利用这些模型进行需求预测。我们将在集中式和分散式方法下应用这些模型。

此部分的相关文件可在以下网站中找到：

https：//demandpredictionbook.com

- 4/Tree-Based Methods.ipynb

在开始本节之前，我们先回顾一下数据预处理的 Python 代码。

```
sales = pd.read_csv('data_processed.csv')

## Structure by SKU
skuSet = list(sales.sku.unique())
skuData = {}
colnames = [i for i in sales.columns if i not in
           ['week', 'weekly_sales', 'sku']]
for i in skuSet:
  df_i = sales[sales.sku == i]
```

```
skuData[i] = {'X': df_i[colnames].values,
              'y': df_i.weekly_sales.values}

## Decentralized Structure
X_dict = {}
y_dict = {}

skuModels = {}
y_pred = []
y_test = []
y_train = []

for i in skuSet:
    X_train_i, X_test_i = np.split(skuData[i]['X'], [68]) #
                    split for X
    y_train_i, y_test_i = np.split(skuData[i]['y'], [68]) #
                    split for y

    X_dict[i] = {'train': X_train_i, 'test': X_test_i} #
                filling dictionary
    y_dict[i] = {'train': y_train_i, 'test': y_test_i}

    y_test += list(y_test_i) # creating the complete
                    training array
    y_train += list(y_train_i) # creating the complete
                    testing array

## Centralized Structure
X_cen_train = X_dict[skuSet[0]]['train'] # initialization with
                item 0
X_cen_test = X_dict[skuSet[0]]['test']

for i in skuSet[1:]: # Iteration over items
    # Bringing together the training set
```

```
X_cen_train = np.concatenate((X_cen_train, X_dict[i]['train']),
            axis = 0)
X_cen_test = np.concatenate((X_cen_test, X_dict[i]['test']),
            axis = 0)
```

4.1 决策树

决策树是决策节点的集合,通过分支连接,从根节点向下延伸到终止(或叶)节点。决策树是一种流行的分类模型,但也可以用作回归模型。[①] 决策树的主要优点是概念(及其可解释性)相对容易的理解难度、较快的训练速度,以及处理缺失值的方便性和对异常值的稳健性。一个主要缺点是它得到的结果的方差通常较大,这意味着结果通常对于训练数据中的小变化非常敏感。简而言之,即使我们只替换训练集中的几个样本,决策树也可能发生显著变化。

我们将使用 sklearn 的 DecisionTreeRegressor 模型。[②] 我们首先考虑集中式方法(即,为所有 44 个 SKU 估计一个单一的联合决策树)。

4.1.1 集中式决策树

决策树的一个重要特点是需要指定多个模型超参数。在本节中,我们将寻求以下两个超参数的最佳值:

- max_features:这是每个决策节点中要考虑的特征变量数量。

[①] HASTIE T, TIBSHIRANI R, FRIEDMAN J. The elements of statistical learning: data mining, inference, and prediction [M]. 2nd ed. Cham: Springer, 2009.

[②] https://scikit-learn.org/stable/modules/generated/sklearn.tree.DecisionTreeRegressor.html.

例如，我们的数据集包含 45 个预测变量。如果将 max_features 设置为 10，每次我们需要找到最佳分割（即，确定决策节点的最佳参数以及使用哪个参数作为预测变量），我们会随机选择 10 个特征变量，并判断其中哪一个是最好的（而不是在全部 45 个特征中选择）。在下一个决策节点中，我们再次选择另外 10 个特征变量中的某一个，以此类推。我们使用此技术来减轻潜在的过度拟合问题。我们将测试 2 到 45（数据集中的特征总数）之间的所有值。

- max_depth：这是树的最大深度（即从根节点到叶节点的最长路径长度）。深度太大可能会导致过度拟合，因此我们希望指定适当的 max_depth 值。

请注意，还有其他超参数，例如叶节点的最小数量和叶节点的最大数量等。sklearn 包的文档中详细介绍了所有超参数。我们需要微调不同的模型参数，以实现强大的预测性能并缓解过度拟合问题。在本书中，我们决定重点关注 max_features 和 max_depth 这两个超参数，因为它们可以引入两个有趣的概念。读者可以进一步扩展此主题，并思考 sklearn 文档中详细介绍的其他超参数。

如此引出了以下问题：应该如何选择上述两个超参数？我们将讨论一种方法，但当然存在其他方法。

4.1.1.1 参数选择

为了减少过度拟合的风险，我们可以将训练集分为两个子集（例如通过使用基于时间的分割来保留数据的时间结构）。训练集分为训练子集和测试子集（通常称为验证集）。模型在训练子集上进行训练，验证集用于选择超参数。一旦选择了超参数，我们就可以使用整个训练集训练最终模型，并在测试集上测试预测表现。此过程在许多设定环境中都是非常标准的流程。① 图 4.1 给出了该程序的说明。

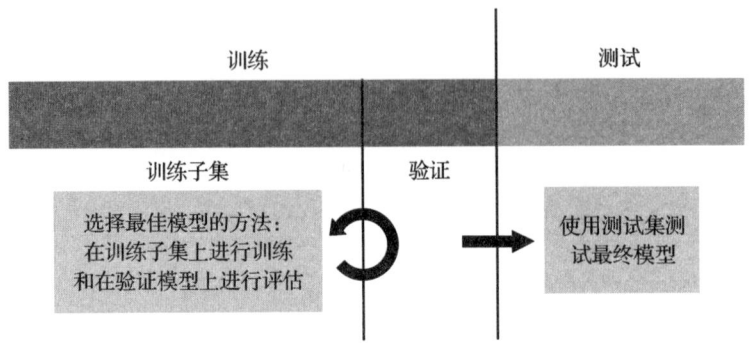

图 4.1　将训练数据集分为两个子数据集

该过程分为三个步骤：

步骤 1：构建数据集

• 训练：将训练集分为训练子集和验证集

我们对训练数据集进行了 7∶3 分割：70% 用于训练（48 周），30% 用于验证（20 周）。

同时，我们也要记住整个训练数据集将在稍后的过程中再使用。

• 测试：测试集与之前保持不变，即仍是用于计算所有以前模型的 OOS R^2 的数据集。

步骤 2：迭代以选择最佳模型

• 我们希望比较具有不同超参数值的模型的性能。为此，我们采取以下方式：

对于每个超参数组合，我们使用训练子集训练模型，并计算验证集上的 R^2。

---

① HASTIE T, TIBSHIRANI R, FRIEDMAN J. The elements of statistical learning: data mining, inference, and prediction [M]. 2nd ed. Cham: Springer, 2009.

我们选择在验证集上获得最佳 R^2 的超参数。这些参数被认为是最佳的，因为它们优化了我们的参考指标（R^2）。

• 迭代将基于超参数的不同测试组合。根据模型类型和运行时间，我们将执行穷举网格搜索或随机搜索。

步骤 3：使用新数据测试最终模型

• 模型训练：

使用之前选择的超参数（步骤 2 中得到的最佳模型的超参数）。

使用整个训练集（即训练子集加验证集）重新训练模型。

此模型稍后将被称为最佳模型或最终模型。

• 计算测试集上的 OOS R^2：

测试集的数据被称为"新鲜的"，因为它既没有被用于训练模型，也没有被用于确定超参数值。

接下来我们介绍代码。我们将首先拆分和构建训练集。

```
X_dict_subsplit = {}
y_dict_subsplit = {}

y_validation = []
y_subtrain = []

for i in skuSet:
  X_train_i, X_test_i = np.split(X_dict[i]['train'],[48])
                       # 70% * 70% * 98 = 48 weeks
  y_train_i, y_test_i = np.split(y_dict[i]['train'],[48])

  X_dict_subsplit[i] = {'train': X_train_i, 'test': X_test_i}
                       # filling dictionary
  y_dict_subsplit[i] = {'train': y_train_i, 'test': y_test_i}

  y_validation += list(y_test_i) # creating the complete training
```

```
                    array
  y_ subtrain += list ( y_ train_ i ) # creating the complete testing
                    array
```

然后，我们构建集中式数据集。我们对行重新排序，按 SKU 对其进行分组。这将使我们能够分辨哪些行与哪个 SKU 相关。

```
X_ cen_ subtrain = X_ dict_ subsplit [skuSet [0] ] [' train ']
                 # initialization with item 0
X_ cen_ validation = X_ dict_ subsplit [skuSet [0] ] [' test ']
                 # X_ cen_ test_ sub

for i in skuSet [1:]: # Iteration over items
  X_ cen_ subtrain = np. concatenate ( ( X_ cen_ subtrain,
                      X_ dict_ subsplit [i] [' train ']) , axis = 0 )
  X_ cen_ validation = np. concatenate ( ( X_ cen_ validation,
                      X_ dict_ subsplit [i] [' test ']) , axis = 0 )
```

然后，我们进行迭代以选择最佳模型，并最终在新数据上进行测试。我们进行了 50 次迭代的随机搜索，以测试不同的参数组合。

请注意，我们执行的是随机搜索，而不是网格（或穷举）搜索。与在特定增量内测试所有参数组合的网格搜索不同，随机搜索在每个步骤随机选择参数组合，并评估每个组合的性能。这种方法通常允许我们能够测试更大范围的参数，并且对计算能力要求较低。此外，与网格搜索相比，该技术已被证明在测试较少数量的组合时可产生良好的结果，并且在测试相同数量的组合时可获得更好的结果。更多细节可在文献中找到。[1]

---

[1] BERGSTRA J, BENGIO Y. Random search for hyper-parameter optimization [J]. The Journal of Machine Learning Research，2012，13（2）：281 - 305.

权衡计算速度和选择结果表现，迭代次数被设置为 50 次，但可能会测试替代值。为了便于重复训练，我们将随机种子设置为特定值 [random.seed（5）]。这将确保在不同时间或不同计算机上运行相同代码时，结果是一致的。随机种子值的选择是为了获得说明性结果。

```
import random
from sklearn.tree import DecisionTreeRegressor
from sklearn.metrics import r2_score

max_features_ = list(range(2, 45))
max_depth_ = list(range(2, 10))
params = []
maximum_score = 0

## Random selection of parameters to test
random.seed(5)
mf_ = random.choices(max_features_, k=50)
md_ = random.choices(max_depth_, k=50)

## Iterations to select best model
for i in range(50):
    print('model number: ', i+1)
    # selection of parameters to test
    mf = mf_[i]
    md = md_[i]
    print('parameters: ', [mf, md])
    # model
    DT_cen = DecisionTreeRegressor(max_features=mf,
                                   max_depth=md,
                                   random_state=0
                                   ).fit(X_cen_subtrain, y_subtrain)
    score = r2_score(y_validation, DT_cen.predict(X_cen_validation))
```

```
    print ( ' R2: ', score )
    # compare performances on validation data
    if score > maximum_score:
        params = [mf, md]
        maximum_score = score

# # Test on fresh data
mf, md = params
DT_cen = DecisionTreeRegressor ( max_features = mf,
                                  max_depth = md,
                                  random_state = 0
                                  ) .fit ( X_cen_train, y_train )
oos_r2 = r2_score ( y_test, DT_cen.predict ( X_cen_test ) )

print ( '\nBest Model: ' )
print ( ' Parameters: ', params )
print ( ' Validation R2: ', maximum_score )
print ( ' OOS R2: ', oos_r2 )
```

类似地，超参数 max_features 也为模型引入了一些随机性。为了确保超参数方面的一致性比较，我们将随机状态设置为特定值（通过使用命令 random_state = 0）。

如前所述，最佳模型是使用最佳超参数并使用整个训练数据集进行训练的模型。在我们的案例中，最佳模型的参数值和性能如下：

```
Best Model:
Parameters: [17, 4]
Validation R2: 0.570
OOS R2: 0.159
```

注：这种方法的常见扩展是使用 k 倍交叉验证程序。其原理是将训练集分成大小相等的 k 个组。

参数 k 表示数据集要拆分为的组数。然后，将 k-1 组作为训练子集，最后一组作为测试子集。该过程重复 k 次（每个训练—测试组合 1 次），然后比较平均 R^2（在 k 值上）。然后，我们使用从上一步获得的最佳模型超参数记录 OOS R^2（在测试集上）。为了保持数据的时间结构和简洁性，我们没有采用这种方法，但这种方法在实践中被广泛使用（尤其是对于非时间序列数据）。有关交叉验证的更多详细信息，请参阅 sklearn 文档。[①]

接下来，我们将进一步分析上述最佳模型。我们首先单独运行它以评估其计算速度。然后，我们绘制决策树来解释拟合模型。

4.1.1.2 关注最佳模型

我们评估上述模型的计算速度：

```
tZero = time.time ( )

DT_cen = DecisionTreeRegressor ( max_features = 17,
                                 max_depth = 4,
                                 random_state = 0
                                 ) .fit ( X_cen_train, y_train )
print ( 'OOS R2: ', round ( r2_score ( y_test,
                          DT_cen.predict ( X_cen_
                          test ) ) , 3 ) )

t = time.time ( ) - tZero
print ( 'Time to compute: ', round ( t, 3 ) , 'sec' )
```

结果如下：

OOS R2: 0.159

Time to compute: 0.009 sec

---

① https：//scikit-learn.org/stable/modules/cross_validation.html.

用这种方法得到的 OOS R^2 为 0.159，这个值相当低。然而，该模型的一个显著优点是计算时间短。

4.1.1.3　绘制树的示例

决策树的一个显著优点是拟合模型的可解释性。为了说明这一点，我们在图 4.2 中绘制了一棵决策树。我们有意使用较低的 max_depth 参数值，以便通过较简洁的可视化结果使树更易于解释。生成此可视化结果的代码如下所示。我们展示了该决策树的预测精度。

```
DT_cen_visualization = DecisionTreeRegressor(max_features = 43,
                                              max_depth = 3,
                                              random_state = 0
                                              ).fit(X_cen_train,
                                              y_train)
print('OOS R2: ', r2_score(y_test, DT_cen_visualization.predict
        (X_cen_test)))
```

给出该模型的表现：

OOS R2: 0.118

我们强调，此模型的预测精度与我们之前分析中确定的模型相当，但它可以实现更复杂的可视化。

```
import matplotlib.pyplot as plt
from sklearn.tree import plot_tree

## Print the tree
plt.figure(figsize = (15, 8), dpi = 400)
plot_tree(DT_cen_visualization, feature_names = colnames)
plt.savefig("visualization_decision_tree.png",
            bbox_inches = 'tight')
plt.show()
```

4 基于树的方法

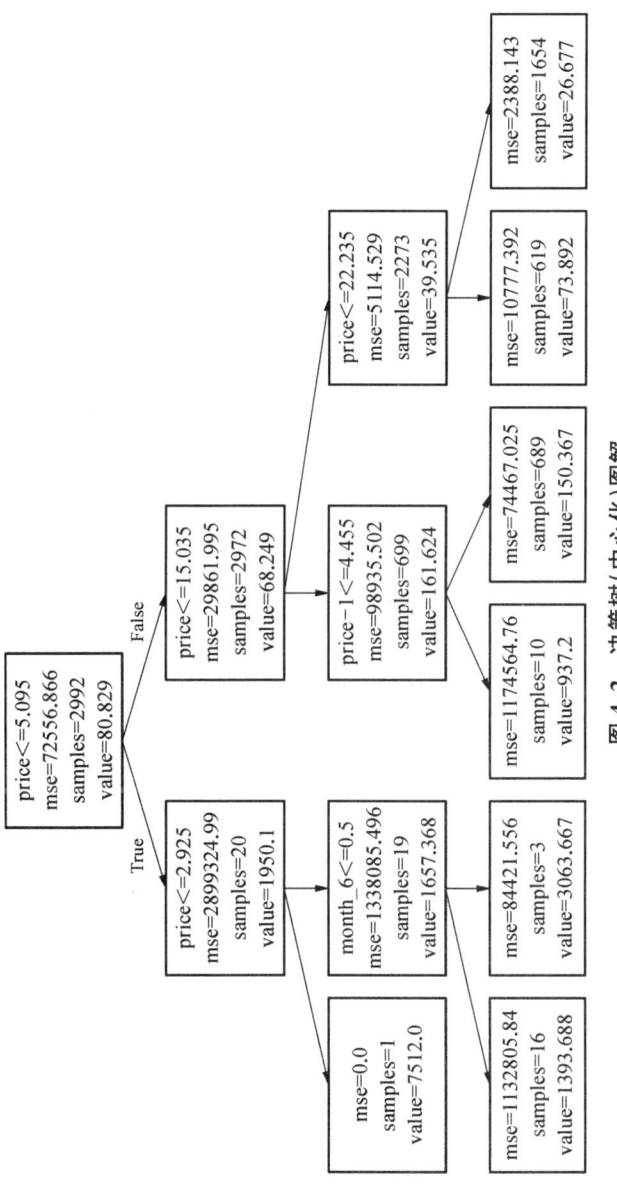

图 4.2 决策树（中心化）图解

图 4.2 中的决策树图像很好地说明了决策树的可解释性优势。在本例中，我们推断价格是主要的分类特征（5/6 的分割是基于价格或滞后价格确定的）。

同时，我们也需要明白这种方法的一个主要缺点，即高方差。如前所述，当我们替换训练集中的少量样本时，决策树可能会发生很大的变化。这是由决策节点的二进制性质造成的。例如，我们有一个价格等于 5.09 的测试观察结果。对于当前树（图 4.2），该观察结果将被分配到树的左侧。很明显，通过添加一些训练观察样本，决策标准"price <= 5.095"可能会变成"price <= 5.085"（可以认为这是非常微小的变化）。在这种情况下，上述测试观察结果将被分配到树的右侧，其预测销量要少得多。

另一方面，上述二进制特性允许决策树对异常值具有稳健性。例如，我们有一个 SKU 的价格值非常大（错误值，例如 100000 美元）。这个较大的值可能来自数据收集中的错误。对于决策树，如此高的价格值的影响将是有限的（例如相对于线性回归）。

4.1.2 分散式决策树

现在，我们将注意力转向分散式方法（即，为每个 SKU 估计一个单独的决策树）。估计分散式决策树的代码如下：

```
mf, md = [# # Input parameters # # ]
y_pred = []

for i in skuSet:
  model_i = DecisionTreeRegressor(max_features = mf,
                                  max_depth = md,
                                  random_state = 0
                                  ).fit(X_dict[i]['train'],
                                  y_dict[i]['train'])
```

```
y_pred += list(model_i.predict(X_dict[i]['test']))
oos_r2 = r2_score(y_test, np.array(y_pred))
```

接下来，我们选择超参数值并评估最终模型的性能。该过程类似于集中式决策树。

4.1.2.1 选择参数

我们以类似的方式运行循环以确定最佳参数值。

```
max_features_ = list(range(2, 45))
max_depth_ = list(range(2, 10))
params = []
maximum_score = 0

# selection of parameters to test
random.seed(5)
mf_ = random.choices(max_features_, k=50)
md_ = random.choices(max_depth_, k=50)

## Selection of the best model
for i in range(50):
    print('model number: ', i+1)
    # selection of parameters to test
    mf = mf_[i]
    md = md_[i]
    print('Parameters: ', [mf, md])
    # model
    y_pred = []
    for i in skuSet:
        model_i = DecisionTreeRegressor(max_features=mf,
                                         max_depth=md,
                                         random_state=0
                                        ).fit(X_dict_subsplit[i]
                                              ['train'], y_dict_
                                              subsplit[i]['train'])
```

零售业需求预测

```
    y_pred += list(model_i.predict(X_dict_subsplit[i]['test']))
score = r2_score(y_validation, np.array(y_pred))
# compare performances on validation data
if score > maximum_score:
    params = [mf, md]
    maximum_score = score

## Test on fresh data
mf, md = params
y_pred = []
for i in skuSet:
    model_i = DecisionTreeRegressor(max_features = mf,
                                     max_depth = md,
                                     random_state = 0
                                     ).fit(X_dict[i]['train'],
                                           y_dict[i]['train'])
    y_pred += list(model_i.predict(X_dict[i]['test']))
oos_r2 = r2_score(y_test, np.array(y_pred))

print('\nBest Model: ')
print('Parameters: ', params)
print('Validation R2: ', maximum_score)
print('OOS R2: ', oos_r2)
```

结果如下：

```
Best Model:
Parameters: [14, 4]
Validation R2: 0.685
OOS R2: 0.399
```

再一次，我们想评估这个模型的计算速度，所以我们单独运行它。

4.1.2.2 关注最佳模式

```
tZero = time.time()

y_pred = []
for i in skuSet:
    model_i = DecisionTreeRegressor(max_features = 14,
                                    max_depth = 4,
                                    random_state = 0
                                    ).fit(X_dict[i]['train'],
                                          y_dict[i]['train'])
    y_pred += list(model_i.predict(X_dict[i]['test']))

print('OOS R2: ', round(r2_score(y_test, np.array(y_pred)), 3))

t = time.time() - tZero
print('Time to compute: ', round(t, 3), 'sec')
```

结果如下：

OOS R2: 0.399

Time to compute: 0.037 sec

结论很清楚：与集中式决策树方法相比，分散式决策树方法得到的结果明显更好，计算时间仅高出两倍（但仍然在合理范围之内）。

我们强调，分散式 OLS 模型只需 0.065 秒即可运行，并能产生更高的 OOS R^2（0.52 vs 0.40）。此外，如前所述，决策树的方差很大。下一节将介绍的方法是一种常见的方法，旨在解决高方差问题。

4.2 随机森林

随机森林构建多个决策树，并对其预测结果进行平均，以提供更准确、更稳定的预测。① 由于随机森林由多个决策树组成，因此其方差通常较低，但需要较长的训练时间。在本节中，我们使用 sklearn 的 RandomTreeRegressor 模型。②

同样，我们决定微调的参数如下：

- max_features（见章节 4.1.1）
- max_depth（见章节 4.1.1）

注：随机森林的另一个重要参数是模型中使用的决策树数量（n_estimators）。此参数的一种常见规律是，使用更多的树将导致更好的预测表现。然而，预测表现的改进在某一值上会饱和，也就是说，在模型中添加额外树的边际收益会随着树的数量增多而减少。默认情况下，sklearn 的随机森林模型分配了 100 棵树，这通常超过了饱和点。有关此主题的更多信息，请参阅 sklearn 文档。

我们再次以集中式方法开始分析。

4.2.1 集中式随机森林

拟合集中式随机森林的代码如下：

```
mf, md, ne = [# # Input parameters # # ]
RF_cen = RandomForestRegressor ( max_features = mf,
                                  max_depth = md,
                                  random_state = 0
                                ) .fit ( X_cen_train, y_train )
oos_r2 = r2_score ( y_test, RF_cen.predict ( X_cen_test ) )
```

---

① HASTIE T, TIBSHIRANI R, FRIEDMAN J. The elements of statistical learning: data mining, inference, and prediction [M]. 2nd ed. Cham: Springer, 2009.

② https://scikit-learn.org/stable/modules/generated/sklearn.ensemble.RandomForestRegressor.html.

接下来，我们将讨论如何识别超参数（即，上述代码中的 params_rf 值），并评估最终模型的表现。

4.2.1.1 选择参数

代码如下所示。

```python
from sklearn.ensemble import RandomForestRegressor

max_features_ = list(range(2, 45))
max_depth_ = list(range(2, 10))
params = []
maximum_score = 0

# selection of parameters to test
random.seed(5)
mf_ = random.choices(max_features_, k=50)
md_ = random.choices(max_depth_, k=50)

## Iterations to select best model
for i in range(50):
    print('Model number: ', i+1)
    # selection of parameters to test
    mf = mf_[i]
    md = md_[i]
    # ne = ne_[i]
    print('Parameters: ', [mf, md])
    # model
    RF_cen = RandomForestRegressor(max_features=mf, max_depth=md,
            random_state=0).fit(X_cen_subtrain, y_subtrain)
    score = r2_score(y_validation, RF_cen.predict(X_cen_
        validation))
    print('R2: ', score)
    # compare performances on validation data
    if score > maximum_score:
```

```
        params = [mf, md]
        maximum_score = score

## Test on fresh data
mf, md = params
RF_cen = RandomForestRegressor ( max_features = mf, max_depth = md,
        random_state = 0 ) .fit ( X_cen_train, y_train )
oos_r2 = r2_score ( y_test, RF_cen.predict ( X_cen_test ) )

print ( '\ nBest Model: ' )
print ( ' Parameters: ', params )
print ( ' Validation R2: ', maximum_score )
print ( ' OOS R2: ', oos_r2 )
```

结果如下：

```
Best Model:
Parameters: [31, 4]
Validation R2: 0.457
OOS R2: 0.272
```

4.2.1.2 关注最佳模型

```
tZero = time.time ( )

RF_cen = RandomForestRegressor ( max_features = 31,
                                 max_depth = 4,
                                 random_state = 0 ) .fit ( X_cen_train,
                                                           y_train )

print ( ' OOS R2: ', round ( r2_score ( y_test, RF_cen.predict ( X_
                              cen_test ) ) , 3 ) )

t = time.time ( ) -tZero
print ( ' Time to compute: ', round ( t, 3 ) , ' sec ' )
```

结果如下：

OOS R2：0.272

Time to compute：0.413 sec

与之前的方法一样，集中式方法的结果并不是特别理想。因此，我们考虑实施分散式随机森林（即，为 44 个 SKU 中的每个 SKU 拟合一个随机森林）。

4.2.2 分散式随机森林

运行分散式随机森林模型的代码如下所示。

```
mf, md, ne = [## Input parameters ##]
y_pred = []
for i in skuSet:
  model_i = RandomForestRegressor(max_features = mf,
                                  max_depth = md,
                                  random_state = 0
                                  ).fit(X_dict[i]['train'],
                                        y_dict[i]['train'])
  y_pred += list(model_i.predict(X_dict[i]['test']))
oos_r2 = r2_score(y_test, np.array(y_pred))
```

4.2.2.1 选择参数

```
max_features_ = list(range(2, 45))
max_depth_ = list(range(2, 10))
params = []
maximum_score = 0

# selection of parameters to test
random.seed(5)
```

零售业需求预测

```python
mf_ = random.choices(max_features_, k=50)
md_ = random.choices(max_depth_, k=50)

## Iterations to select best model
for i in range(50):
    print('Model number: ', i+1)
    # selection of parameters to test
    mf = mf_[i]
    md = md_[i]
    print('Parameters: ', [mf, md])
    # model
    y_pred = []
    for i in skuSet:
        model_i = RandomForestRegressor(max_features=mf,
                                        max_depth=md,
                                        random_state=0).fit(X_dict_subsplit[i]['train'],
                                        y_dict_subsplit[i]['train'])
        y_pred += list(model_i.predict(X_dict_subsplit[i]['test']))
    score = r2_score(y_validation, np.array(y_pred))
    # compare performances on validation data
    if score > maximum_score:
        params = [mf, md]
        maximum_score = score

## Test on fresh data
mf, md = params
y_pred = []
for i in skuSet:
    model_i = RandomForestRegressor(max_features=mf, max_depth
                =md, random_state=0).fit(X_dict[i]['train'],
                y_dict[i]['train'])
    y_pred += list(model_i.predict(X_dict[i]['test']))
oos_r2 = r2_score(y_test, np.array(y_pred))
```

```
print ( '\ nBest Model: ')
print ( ' Parameters: ', params )
print ( ' Validation R2: ', maximum_ score )
print ( ' OOS R2: ', oos_ r2 )
```

结果如下：

> Best Model:
>
> Parameters: [44, 8]
>
> Validation R2: 0.573
>
> OOS R2: 0.559

4.2.2.2 关注最佳模型

```
y_ pred = [ ]
for i in skuSet:
 model_ i = RandomForestRegressor ( max_ features = 44,
                                    max_ depth = 8,
                                    random_ state = 0 ) .fit
                                    ( X_ dict [ i ] [ 'train '],
                                    y_ dict [ i ] [ 'train '] )
 y_ pred += list ( model_ i.predict ( X_ dict [ i ] [ 'test '] ) )

print ( 'OOS R2: ', round ( r2_ score ( y_ test, np.array ( y_ pred ) ), 3 ) )

t = time.time ( )  -tZero
print ( "Time to compute: ", round ( t, 3 ), " sec ")
```

结果如下：

> OOS R2: 0.559
>
> Time to compute: 5.811 sec

正如我们所看到的，分散式随机森林模型所需的计算时间显著增加。对于涉及大量样本和特征的应用情景，这可能是一个棘手问题，在这种情况下，分散式随机森林可能不是合适的方法。但同时，相对于我们之前考虑的方法，它得到的 OOS R^2 更高，看起来这似乎有所改进。在下一节中，我们将研究随机森林的改进版本，目的是进一步增加 OOS R^2。

4.3 梯度提升树

梯度提升树（梯度增强树）是另一种训练多棵树进行预测的方法。[1][2] 其基本思想是，新训练的树可以从以前的错误中学习。这通常会提高模型的预测表现。

在本例中，由于数据集的规模较小，减少了这一潜在优势。我们使用 sklearn 的 GradientBoostingRegressionor 模型。[3]

要调整的参数如下：

• max_features（见章节 4.1.1）

• max_depth（见章节 4.1.1）

• learning_rate：此参数缩小了每棵树对总模型的贡献。学习率越高，从一棵树到下一棵树的学习过程就越积极、越快，但模型也越容易过度拟合。在下面的实现中，我们考虑使用值 0.01、0.05、0.1 和 0.5。

与之前一样，我们从集中式方法开始分析。

---

[1] HASTIE T, TIBSHIRANI R, FRIEDMAN J. The elements of statistical learning: data mining, inference, and prediction [M]. 2nd ed. Cham: Springer, 2009.

[2] CHEN T, GUESTRIN C. XGBoost: a scalable tree boosting system [J]. Proceedings of the 22nd ACM SIGKDD international conference on knowledge discovery and data mining, 2016: 785-794.

[3] https://scikit-learn.org/stable/modules/generated/sklearn.ensemble.GradientBoostingRegressor.html.

4.3.1 集中式梯度提升树

拟合集中式梯度提升树的代码如下：

```
mf, md, ne, lr = params # input the parameters
GB_cen = GradientBoostingRegressor(max_features = mf,
                                    max_depth = md,
                                    learning_rate = lr,
                                    random_state = 0).
                            fit(X_cen_train,
                                y_train)
oos_r2 = r2_score(y_test, GB_cen.predict(X_cen_test))
```

接下来，我们选择超参数并评估最终模型的表现。

4.3.1.1 选择参数

```
max_features_ = list(range(2, 45))
max_depth_ = list(range(2, 10))
learning_rate_ = [0.01, 0.05, 0.1, 0.5]
params = []
maximum_score = 0

# selection of parameters to test
random.seed(5)
mf_ = random.choices(max_features_, k = 50)
md_ = random.choices(max_depth_, k = 50)
lr_ = random.choices(learning_rate_, k = 50)

from sklearn.ensemble import GradientBoostingRegressor
## Iterations to select best model
for i in range(50):
    print('Model number: ', i + 1)
    # selection of parameters to test
    mf = mf_[i]
```

103

```
md = md_[i]
lr = lr_[i]
print('Parameters: ', [mf, md, lr])
# model
GB_cen = GradientBoostingRegressor(max_features = mf,
                                    max_depth = md,
                                    learning_rate = lr,
                                    random_state = 0).
                                    fit(X_cen_subtrain,
                                        y_subtrain)
score = r2_score(y_validation, GB_cen.predict(X_cen_validation))
print('R2: ', score)
# compare performances on validation data
if score > maximum_score:
    params = [mf, md, lr]
    maximum_score = score


## Test on fresh data
mf, md, lr = params
GB_cen = GradientBoostingRegressor(max_features = mf,
                                    max_depth = md,
                                    learning_rate = lr,
                                    random_state = 0).
                                    fit(X_cen_train,
                                        y_train)
oos_r2 = r2_score(y_test, GB_cen.predict(X_cen_test))

print('\nBest Model: ')
print('Parameters: ', params)
print('Validation R2: ', maximum_score)
print('OOS R2: ', oos_r2)
```

结果如下：

```
Best Model:
```

Parameters: [14, 7, 0.5]

Validation R2: 0.476

OOS R2: 0.223

在最佳参数值下，我们还评估了计算速度，并将梯度提升树模型与其他基于树的模型进行了比较。

4.3.1.2 关注最佳模型

```
tZero = time.time()
GB_cen = GradientBoostingRegressor(max_features = 14,
                                    max_depth = 7,
                                    learning_rate = 0.5,
                                    random_state = 0).fit
                                       (X_cen_train, y_train)

print('OOS R2: ', round(r2_score(y_test, GB_cen.predict
                                       (X_cen_test)), 3))

t = time.time() - tZero
print("Time to compute: ", round(t, 3), "sec")
```

结果如下：

OOS R2: 0.223

Time to compute: 0.380 sec

接下来，我们考虑以分散式方式实现此方法。

4.3.2 分散式梯度提升树

估计分散式梯度提升树的代码如下：

```
mf, md, ne, lr = [## Input parameters ##]
y_pred = []
```

```python
for i in skuSet:
    model_i = GradientBoostingRegressor(max_features = mf,
                                        max_depth = md,
                                        learning_rate = lr,
                                        random_state = 0
                                        ).fit(X_dict[i]['train'],
                                              y_dict[i]['train'])
    y_pred += list(model_i.predict(X_dict[i]['test']))
oos_r2 = r2_score(y_test, np.array(y_pred))
```

4.3.2.1 微调参数

```python
max_features_ = list(range(2, 45))
max_depth_ = list(range(2, 10))
learning_rate_ = [0.01, 0.05, 0.1, 0.5]
params = []
maximum_score = 0

# selection of parameters to test
random.seed(5)
mf_ = random.choices(max_features_, k = 50)
md_ = random.choices(max_depth_, k = 50)
lr_ = random.choices(learning_rate_, k = 50)

## Iterations to select best model
for i in range(50):
    print('Model number: ', i + 1)
    # selection of parameters to test
    mf = mf_[i]
    md = md_[i]
    lr = lr_[i]
    print('Parameters: ', [mf, md, lr])
    # model
    y_pred = []
```

```python
for i in skuSet:
    model_i = GradientBoostingRegressor(max_features=mf,
                                        max_depth=md,
                                        learning_rate=lr,
                                        random_state=0).fit
                                        (X_dict_subsplit[i]
                                        ['train'],
                                        y_dict_subsplit[i]
                                        ['train'])
    y_pred += list(model_i.predict(X_dict_subsplit[i]['test']))
score = r2_score(y_validation, np.array(y_pred))
print('R2: ', score)
# compare performances on validation data
if score > maximum_score:
    params = [mf, md, lr]
    maximum_score = score

## Test on fresh data
mf, md, lr = params
y_pred = []
for i in skuSet:
    model_i = GradientBoostingRegressor(max_features=mf,
                                        max_depth=md,
                                        learning_rate=lr,
                                        random_state=0).fit
                                        (X_dict[i]['train'],
                                        y_dict[i]['train'])
    y_pred += list(model_i.predict(X_dict[i]['test']))
oos_r2 = r2_score(y_test, np.array(y_pred))

print('\nBest Model: ')
print('Parameters: ', params)
print('Validation R2: ', maximum_score)
print('OOS R2: ', oos_r2)
```

结果如下：

Best Model:

Parameters: [31, 4, 0.5]

Validation R2: 0.607

OOS R2: 0.497

4.3.2.2 关注最佳模型

```
tZero = time.time ( )
y_pred = [ ]
for i in skuSet:
  model_i = GradientBoostingRegressor ( max_features = 31,
                                        max_depth = 4,
                                        learning_rate = 0.5,
                                        random_state = 0 ) .fit
                                        ( X_dict [i] ['train'],
                                        y_dict [i] ['train'])
  y_pred += list ( model_i.predict ( X_dict [i] ['test']) )

print ( ' OOS R2: ', round ( r2_score ( y_test, np.array ( y_
    pred ) ), 3 ) )

t = time.time ( ) -tZero
print ( "Time to compute: ", round ( t, 3 ), " sec " )
```

结果如下：

OOS R2: 0.497

Time to compute: 1.421 sec

接下来，我们将从 OOS R^2 和运行时间两个方面比较所有方法。

表 4.1　决策树模型的 OOS R^2 和运行时间

Model	OOS R^2	Running time (sec)
Centralized Decision Tree	0.159	0.009
Decentralized Decision Tree	0.399	0.037
Centralized Random Forest	0.272	0.413
Decentralized Random Forest	0.559	5.811
Centralized Gradient-Boosted Tree	0.223	0.380
Decentralized Gradient-Boosted Tree	0.497	1.421

4.4　方法比较

我们比较了利用数据集实施的所有基于树的方法的 OOS R^2 和运行时间（表 4.1）。对于每种方法，我们都通过寻找性能最佳的超参数来选择最终模型。

正如我们预想的，决策树在预测精度方面的表现低于随机森林和梯度提升树。在我们的例子中，最好的结果是通过随机森林方法实现的。梯度提升树的结果不太好，这可能表明我们没有足够大的数据集来充分发挥此方法的优势。因此，我们将不考虑通常需要大型数据集的替代方法，例如深度学习技术。如果需要考虑运行时间，可以根据数据集的大小和可用的计算能力，选择一种替代方法。

5

聚 类

如第3章所述,跨SKU聚合数据有优点也有缺点。汇总所有SKU的销售数据可以减少噪声,并能允许模型训练基于更多的观察数据进行,但会忽略不同SKU具有不同特征的事实。在模型表现和运行时间之间存在一个明显的权衡。根据这一考量,我们可以考虑通过将一组相似的SKU聚合在一起的方式,在两种极端方法(集中式和分散式)之间采取折中办法。一种自然的做法是使用聚类技术。我们讨论了两种常见的聚类技术:k-means 和 DBSCAN。其他聚类技术(例如层次聚类、OPTICS)也可以以类似的方式应用。

此部分的相关文件可在以下网站中找到:

https://demandpredictionbook.com

- 5/Clustering Techniques.ipynb

5.1 k-means 聚类

5.1.1 k-means 聚类概述

k-means 聚类方法按以下四个步骤进行。[1] 目的是汇总类似的观察

---

[1] HASTIE T, TIBSHIRANI R, FRIEDMAN J. The elements of statistical learning: data mining, inference, and prediction [M]. 2nd ed. Cham: Springer, 2009.

样本（或记录）。

• 步骤 1：随机分配 k 条记录作为聚类的初始中心或平均值（k 是聚类个数，必须事先确定）。

• 步骤 2：对于每个记录，找到距其最近的中心（根据距离度量，如欧几里德距离）。在这种情况下，集群是具有相同最近中心的样本集。

• 步骤 3：现在有 k 个聚类。对于 k 个聚类中的每个聚类，根据每个聚类中存在的样本计算新的聚类中心。

• 步骤 4：重复步骤 2 和步骤 3，直到收敛（即，当两个连续迭代中聚类不再改变）或终止（即，要求算法在大量预定迭代次数后停止）。

在我们的案例中，我们的想法是创建具有相似特征的 SKU 组，并将其分配给同一集群。为此，我们对数据集中的 44 个 SKU 应用 k-means 聚类方法。

如图 5.1 所示，我们的目标是将 SKU 划分为 k 个集群，然后拟合每个集群的需求预测模型（如 OLS）。我们的操作如下：

第1步：划分集群

第2步：为每个集群拟合一个单独的模型

图 5.1　k-means 聚类方法的实现示例

1. 对每个 SKU 的价格和周销量的平均值使用 k-means 方法：我们首先创建一个表，其中行是不同的 SKU，列是价格和周销量的平均值。我们注意到，可以使用不同的特征（并可能改进结果）。在每个单元中，我们计算训练期间焦点 SKU 的特征平均值。然后，由于不同特征的比例对距离函数（用于找到最近的中心）有显著影响，我们对值进行了缩放（scaled）。[①] 在聚类的背景下，缩放特征通常很重要。表 5.1 展示了 SKU 1 的数据以及价格和周销量特征。

表 5.1 包含预测值平均值的表格示例

	Price（scaled）	Weekly sales（scaled）
SKU 1	训练期间 SKU 1 缩放后的平均价格	训练期间 SKU 1 缩放后的平均周销量
...		

接下来，我们在此表上应用 k-means 聚类方法来聚合类似的 SKU。在此过程之后，将每个 SKU 分配给一个特定集群（由 k-means 标识的集群不重叠）。参数 k 是模型的一个参数，稍后我们将详细介绍如何选择其值，以及它如何用于执行聚类。

2. 估计每个集群的集中式 OLS：对于每个集群，我们拟合 OLS 回归（使用分配给特定集群的所有 SKU 的观察样本）。这相当于假设同一集群中的所有 SKU 具有相同的需求预测模型。

接下来，我们将深入讨论实现细节。我们使用基于 sklearn 库的 k-means 模型。sklearn 文档中提供了更多的信息。[②]

[①] 章节 2.8 介绍了缩放技术。这里，我们使用了一种归一化方法（具体来说，我们使用了 sklearn 中的 MinMaxScaler）。

[②] https://scikit-learn.org/stable/modules/generated/sklearn.cluster.KMeans.html

```
from sklearn.cluster import KMeans
from sklearn.linear_model import LinearRegression
from sklearn.preprocessing import MinMaxScaler
from sklearn.metrics import r2_score
scaler = MinMaxScaler()
```

首先,我们将相似的 SKU 聚合到集群中。

```
z = [## Input number of clusters ##]

# Clustering
X_clus = np.zeros((len(skuSet), 2))
count = 0
for sku in skuSet:
    X_clus[count, :] = \
        np.mean(
            np.concatenate((
                np.array([[i] for i in X_dict[sku]['train'][:, 0]]),
                np.array([[i] for i in y_dict[sku]['train']])),
            axis=1),
        axis=0)
    count += 1
X_clus = scaler.fit_transform(X_clus)
kmeans = KMeans(n_clusters=z, random_state=0).fit(X_clus)
```

为了每次都获得相同的结果,我们运行代码,为 k-means 聚类方法的初始化设置一个特定的随机种子值。在上述代码中,我们选择了 random_state = 0。然而,有趣的是,使用 sklearn 的 k-means 函数,随机种子通常对初始质心和最终集群的影响很小。初始化方法称为 k-means ++,有关它的更多信息,请参阅 sklearn 文档。

其次,我们为每个集群创建一个集中的数据集,并拟合每个集群的 OLS 回归。然后,我们使用 SKU 以相应的顺序创建 y_clus_test 变量，并计算 OOS R^2。

```
# Loop
y_clus_pred = []
y_clus_test = []
for j in range ( z ) :
  # # Get indices of items in cluster j
  clus_items = list ( np.where ( kmeans.labels_ == j ) [0] )
  # # Initialization
  # X
  X_clus_j_train = X_dict [skuSet [clus_items [0] ] ] ['train']
  X_clus_j_test = X_dict [skuSet [clus_items [0] ] ] ['test']
  # y
  y_clus_j_train = list ( y_dict [skuSet [clus_items [0] ] ]
                  ['train'])
  y_clus_j_test = list ( y_dict [skuSet [clus_items [0] ] ]
                  ['test'])
  # # Loop
  for idx in clus_items [1:]: # Iteration over items
    sku = skuSet [idx]
    # X
    # Bringing together the training set for the cluster
    X_clus_j_train = np.concatenate ( (X_clus_j_train, X_dict [sku]
                    ['train']) , axis = 0 )
    X_clus_j_test = np.concatenate ( (X_clus_j_test, X_dict [sku]
                    ['test']) , axis = 0 )
    # y
    y_clus_j_train += list ( y_dict [sku] ['train'])
    y_clus_j_test += list ( y_dict [sku] ['test'])
  # # Model
  model_clus_j = LinearRegression ( ) .fit ( X_clus_j_train,
                  y_clus_j_train )
  y_clus_pred += list ( model_clus_j.predict ( X_clus_j_
                  test ) )
```

5 聚 类

```
    y_clus_test += y_clus_j_test

# Results
print('OOS R2: ', r2_score(y_clus_test, y_clus_pred))
```

现在我们对该方法有了更多的了解，接下来我们将讨论以下两种设计方案：

• 我们应该使用哪些特征变量对 SKU 进行聚类？选择正确的特征变量集可以被视为一门艺术。例如，可以使用预测值（例如价格、供应商、颜色）和周销量。更准确地说，可以计算历史值的平均值（例如过去的 3 个月或过去一年的平均值）。另一种常见的方法是使用每个预测值的标准差或方差（例如过去一年每个 SKU 价格的标准差）。变量的标准差反映了变异性（或稳定性），因此可以将不同变量变异水平相同的 SKU 结合聚类。我们将详细介绍价格和周销量的聚类流程，当然也可以使用其他不同的聚类特征组合进行类似操作。

• 我们如何选择适当数量的集群（即 k 值）？这个数字可以由商业业务约束条件决定，也可以通过优化特定的目标函数来确定。在本节中，我们将自然地选择使验证集上的 R^2 最大化的集群数量。

5.1.2 使用平均价格和周销量进行聚类

如前所述，为了确定最佳集群数量，我们可以使用第 4 章中描述的选择方法。具体来说，我们运行一个循环来选择 k 的最佳值，该值在 2 到 15 之间（这些数字由使用者选择，并取决于业务环境和 SKU 的数量）。

我们强调，基于样本外预测精度（在我们的例子中，通过计算 OOS R^2）来评估聚类表现，是我们的最终目标。然而，在传统的聚类设定中，其他一些指标和方法也可用于聚类评估，例如肘部法则（Elbow method）。[1]

以下是迭代过程的代码，用于寻找最佳集群数量：

```
num_clusters = 0
maximum_score = -100
oos_r2 = 0

## Iterations to find optimal parameter
for z in range(2, 15):
  # Clustering
  X_clus = np.zeros((len(skuSet), 2))
  count = 0
  for sku in skuSet:
    X_clus[count, :] = np.mean(
        np.concatenate((
            np.array([[i] for i in X_dict_subsplit[sku]
                ['train'][:, 0]]),
            np.array([[i] for i in y_dict_subsplit[sku]
                ['train']])),
            axis = 1),
                axis = 0)
    count += 1
  X_clus = scaler.fit_transform(X_clus)
  kmeans = KMeans(n_clusters = z, random_state = 0).fit(X_clus)
  # Loop
  y_clus_pred = [] # y_clus_pred_sub
  y_clus_validation = [] # y_clus_test_sub
  for j in range(z):
    ## Get indices of items in cluster j
    clus_items = list(np.where(kmeans.labels_ == j)[0])
```

---

[1] https://towardsdatascience.com/clustering-evaluation-strategies-98a4006fcfc.

```
## Initialization
# X_sub
X_clus_j_subtrain = X_dict_subsplit[skuSet[clus_items
            [0]]]['train']
X_clus_j_validation = X_dict_subsplit[skuSet[clus_
            items[0]]]['test']
# y_sub
y_clus_j_subtrain = list(y_dict_subsplit[skuSet[clus_items
            [0]]]['train'])
y_clus_j_validation = list(y_dict_subsplit[skuSet
            [clus_items[0]]]['test'])
## Loop
for idx in clus_items[1:]: # Iteration over items
    sku = skuSet[idx]
    # X_sub
    X_clus_j_subtrain = np.concatenate(
            (X_clus_j_subtrain, X_dict_subsplit[sku]
            ['train']), axis = 0)
    X_clus_j_validation = np.concatenate(
            (X_clus_j_validation, X_dict_subsplit[sku]
            ['test']), axis = 0)
    # y_sub
    y_clus_j_subtrain += list(y_dict_subsplit[sku]['train'])
    y_clus_j_validation += list(y_dict_subsplit[sku]['test'])
## Model
model_clus_j_sub = LinearRegression().fit(X_clus_j_subtrain,
            y_clus_j_subtrain)
y_clus_pred += list(model_clus_j_sub.predict(X_clus_j_
            validation))
y_clus_validation += y_clus_j_validation

# Comparison of results
score = r2_score(y_clus_validation, y_clus_pred)
print('Number of clusters: ', z, '- Validation R2: ', score)
```

零售业需求预测

```
if score > maximum_score:
  num_clusters = z
  maximum_score = score
```

接下来，我们使用新数据测试结果（即，我们在整个训练集上训练模型，并在测试集上评估预测表现）。

```
z = num_clusters
# Clustering
d = len(colnames)  # d is the number of columns
X_clus = np.zeros((len(skuSet), 2))
count = 0
for sku in skuSet:
  X_clus[count, :] = np.mean(
        np.concatenate((
               np.array([[i] for i in X_dict[sku]['train']
                        [:, 0]]),
               np.array([[i] for i in y_dict[sku]['train']])),
               axis=1),
               axis=0)
  count += 1
X_clus = scaler.fit_transform(X_clus)
kmeans = KMeans(n_clusters=z, random_state=0).fit(X_clus)
# Loop
y_clus_pred = []
y_clus_test = []
for j in range(z):
  ## Get indices of items in cluster j
  clus_items = list(np.where(kmeans.labels_ == j)[0])
  ## Initialization
  # X
  X_clus_j_train = X_dict[skuSet[clus_items[0]]]['train']
  X_clus_j_test = X_dict[skuSet[clus_items[0]]]['test']
  # y
```

```
y_clus_j_train = list(y_dict[skuSet[clus_items[0]]]['train'])
y_clus_j_test = list(y_dict[skuSet[clus_items[0]]]['test'])
## Loop
for idx in clus_items[1:]: # Iteration over items
    sku = skuSet[idx]
    # X
    X_clus_j_train = np.concatenate((X_clus_j_train, X_dict
            [sku]['train']), axis = 0)
    X_clus_j_test = np.concatenate((X_clus_j_test, X_dict
            [sku]['test']), axis = 0)
    # y
    y_clus_j_train += list(y_dict[sku]['train'])
    y_clus_j_test += list(y_dict[sku]['test'])
## Model
model_clus_j = LinearRegression().fit(X_clus_j_train,
        y_clus_j_train)
y_clus_pred += list(model_clus_j.predict(X_clus_j_test))
        y_clus_test += y_clus_j_test
# Results
oos_r2 = r2_score(y_clus_test, y_clus_pred)

#### Print Results ####

print('\nBest Model: ')
print('Number of clusters: ', num_clusters)
print('Validation R2: ', maximum_score)
print('OOS R2: ', oos_r2)
```

结果如下:

```
Best Model:

Number of clusters: 8

Validation R2: 0.270

OOS R2: 0.566
```

如我们所见，模型预测精度令人满意。更准确地说，它比集中式OLS方法和分散式OLS方法都要好。因此，这一发现表明，聚类不是这两种方法的折中，而是一种更有效的方法。接下来，我们将研究聚类步骤中包含的其他特性。

5.1.3 添加聚类特征的标准差

我们的下一个尝试是将价格和周销量的平均值和标准差纳入聚类方法中。采用与平均值类似的方式计算标准差，方法是使用用于训练每个SKU模型的周观察值（即，检验循环的子训练数据集和评估最终模型性能时的训练数据集）。代码与之前相同，只是聚类步骤需要稍微调整，如下所示。完整的代码可在配套网站上找到（https：//demandpredictionbook.com）。

```
z = [# # # Input number of clusters # # ]

# Clustering
X_clus = np.zeros((len(skuSet), 4))
count = 0
for sku in skuSet:
  X_clus[count, :] = np.concatenate((
    np.mean(
      np.concatenate((
        np.array([[i] for i in X_dict[sku]['train'][:, 0]]),
        np.array([[i] for i in y_dict[sku]['train']])),
        axis = 1),
        axis = 0),
    np.std(
      np.concatenate((
        np.array([[i] for i in X_dict[sku]['train'][:, 0]]),
```

```
                    np.array([[i]for i in y_dict[sku]['train']])),
                axis=1),
             axis=0)),
        axis=0)
    count += 1
X_clus = scaler.fit_transform(X_clus)
kmeans = KMeans(n_clusters=z, random_state=0).fit(X_clus)
```

有趣的是，添加聚类特征（即，价格和周销量）的标准差可以改善结果：

Best Model:

Number of clusters: 5

Validation R2: 0.264

OOS R2: 0.560

事实上，上述结果是迄今为止我们在 OOS R^2 方面所能达到的最好结果。最佳集群数为 5 个。此外，计算时间也很短：

OOS R2: 0.560

Time to compute: 0.064

下一步，我们尝试可视化这些集群。下面提供了代码，图 5.2 给出了一个示意图（周销量是关于价格的函数）。

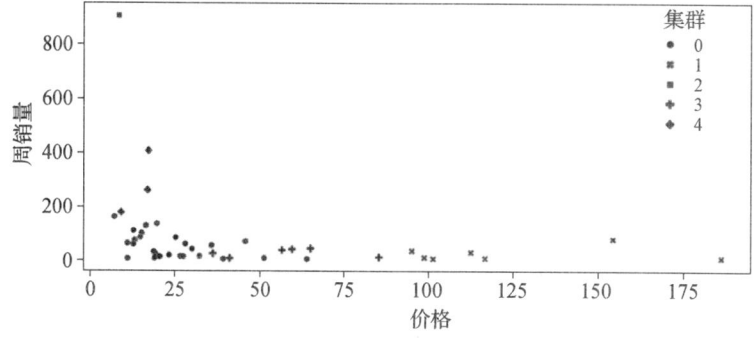

图 5.2 k-means 方法获得的聚类图解

```
import matplotlib.pyplot as plt
import seaborn as sns

## Build dataframe
list_prices = []
list_sales = []
for sku in skuSet:
    list_prices.append(np.mean(X_dict[sku]['train'][:, 0],
                      axis=0))
    list_sales.append(np.mean([[i] for i in y_dict[sku]
                      ['train']]))
df_clus = pd.DataFrame()
df_clus['price'] = list_prices
df_clus['weekly_sales'] = list_sales
df_clus['Cluster label'] = labels = kmeans.labels_
## Plot
plt.figure(figsize=(15, 6))
graph = sns.scatterplot(data=df_clus, x='price', y='weekly_sales',
                        hue='Cluster label', style='Cluster label',
                        palette='dark',
                        size='Cluster label', sizes=(100, 200))
plt.title('Clusters - K-means', fontsize=15)
plt.xlabel('Price')
plt.ylabel('Weekly sales')
plt.show()
```

我们发现，周销量和价格都是重要的特征变量。实际上，图 5.2 上的五个集群集中在图的不同部分。具体而言，我们可以推断如下：

- 集群 0 包含 27 个 SKU，周销量低，价格低。

- 集群 1 包含 7 个 SKU，周销量低，价格高。

- 集群 2 包含 1 个 SKU（SKU 25），周销量高（而价格低）。

- 集群 3 包含 6 个 SKU，周销量低，价格适中。

- 集群 4 包含 3 个 SKU，周销量中等，价格较低。

这些结果再次表明，只要正确应用，聚类是非常强大的。它们还突显了一个事实，即某些特征变量可能比其他特征变量更适合聚类，我们将在章节 7.2 中更详细地讨论这一方面。

我们注意到，上述结果并不能直接推广到所有环境和数据集中。相反，我们需要测试几种替代方法，并确定能够获得最佳性能的方法和特征变量集。

需要提醒的是，由于我们只使用历史（训练）数据进行聚类，因此在此过程中没有信息泄露。表 5.2 总结了我们的结果。

表 5.2 k-means 聚类结果汇总

Features	Best model	OOS R^2	Computing time（sec）
Average values	$k=8$	0.567	0.074
Avg. values and std. dev.	$k=5$	0.560	0.064

如上所述，我们发现聚类方法的结果优于分散式方法的结果。这表明，对于我们的数据集，将多个 SKU 聚合在一起训练可能会发挥强大的作用，并最终提高需求预测的准确性。此外，我们还发现，当使用少量聚类（即，5 到 8 个）时，预测精度最高。接下来，我们考虑另一种被称为 DBSCAN 的聚类技术。

5.2 DBSCAN 聚类

在本节中，我们将考虑另一种聚类方法，即基于密度的噪声应用空间聚类（DBSCAN）。我们建议读者参考原始文件以了解有关此方法的更多详细信息。①

5.2.1 DBSCAN 聚类概述

在高层次上，该方法的核心概念是识别高密度数据点的区域，并将这些区域与低密度区域分离。图 5.3 展示了 DBSCAN（上）和 k-means（下）聚类方法之间的差异。②

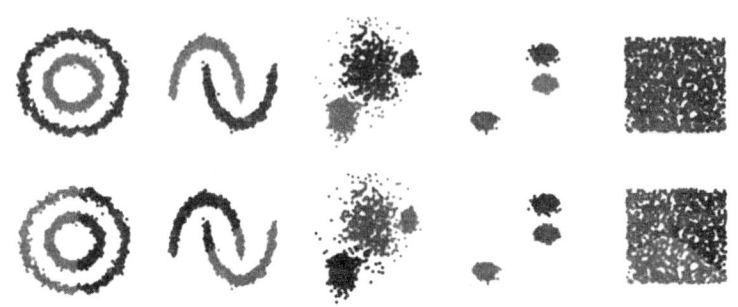

资料来源：DBSCAN, Github by NSHipster, 2021 年 7 月 19 日检索自 https://github.com/NSHipster/DBSCAN。

图 5.3　用 DBSCAN（上）与 k-means（下）获得的聚类图解

这种方法的主要优点是可以发现具有任意形状的聚类。因为这种技术不一定会将每个 SKU 与其他 SKU 聚合，所以它还将允许单例集群（即包含单个元素的集群）存在。这意味着具有独特特征的 SKU 可能不会被聚合，而具有类似特征的 SKU 将与其他 SKU 聚合，以更好地利用训练数据并减少过度拟合。使用 k-means 聚类时，这种情况不太常见，上一节中的聚类可视化只是我们数据集的一种聚类模式。

---

① ESTER M, KRIEGEL H P, SANDER J, et al. A density-based algorithm for discovering clusters in large spatial databases with noise [J]. Proceedings of the second international conference on knowledge discovery and data mining, 1996, 96 (34): 226-231.

② https://github.com/NSHipster/DBSCAN.

此方法依赖于两个超参数：

• eps：在同一领域内的两个样本之间的最大距离（即，将观测值视为彼此靠近的程度）。

• min_samples：将观测点视为核心点（包括观测本身）所需的最小邻居数。

如果观测点具有最少数量的邻居，则它为核心点。如果某个数据点与 min_samples 数据点的距离为 eps，则该数据点将被归类为核心点。

如果观测点是核心点的邻居（但不是核心点），则其为边界点。边界点是指在 eps 距离内具有少于 min_samples 数据点但位于核心点附近的点。

如果观测值不是任何核心点的邻居，则其为异常值（或噪声点）。

图 5.4 提供了 DBSCAN 工作方式的具象化说明。此图说明了 min_samples = 3 的 DBSCAN 聚类模型。在该图中，点 A 是核心点，点 B 和点 C 是边界点，点 N 是噪声点。这些圆表示半径为 eps 的特定点的邻域（即，圆中包含的所有点与中心点的距离小于 eps）。

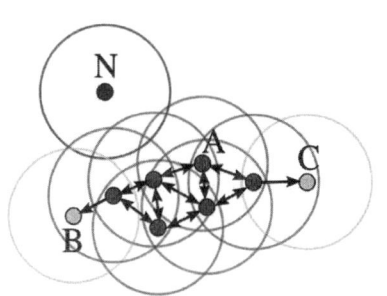

资料来源：2021 年 7 月 12 日检索自 https://en.wikipedia.org/wiki/File:DBSCAN-Illustration.svg

图 5.4　DBSCAN 聚类的图解

聚类过程如下：

1. 该算法从尚未访问的任意点开始，使用 eps 参数检索其邻域信息。

2. 如果该点在 eps 邻域内包含 min_samples，则该点被标记为核心点，算法开始聚类。否则，该点将被标记为噪声点。但稍后，可能在不同点的 eps 邻域中找到该点，因此，该点可能是集群的一部分。

3. 如果发现该点是核心点，则 eps 邻居区域内的点是同一集群的一部分。因此，如果 eps 邻域中的所有点也是核心点或边界点，则会将它们与自己的 eps 邻域一起添加进该集群。

4. 上述过程一直持续到集群完全确定为止。

5. 该过程使用一个新点重新启动，该点可以是新集群的一部分，也可以是被标记为噪声点的点。因此，DBSCAN 总是可以收敛的，但不是确定的，因为考虑不同点的顺序是随机的。

我们依靠 sklearn 库使用 DBSCAN 方法。①

我们以与 k-means 相同的方式进行操作。在标准化这些变量后，②我们首先根据价格和周销量的平均值聚合类似的 SKU，然后估计每个集群的单独 OLS 回归。

注：出于说明目的，我们在本节中使用了特定的超参数值（eps = 0.05 和 min_samples = 3）。我们还将价格和周销量的平均值作为聚类特征。在章节 5.2.2 中，我们将讨论如何选择超参数的最佳值；在章节 5.2.3 中，我们将考虑对特征进行聚类的不同替代方案。

步骤 1：将类似 SKU 聚合到集群中。

```
eps, ms = 0.05, 3

X_clus = np.zeros((len(skuSet), 2))
count = 0
for sku in skuSet:
    X_clus[count, :] = np.mean(
```

---

① https://scikit-learn.org/stable/modules/generated/sklearn.cluster.DBSCAN.html.

② 和前面一样，我们使用最小—最大缩放。

```
    np.concatenate((
        np.array([[i] for i in X_dict[sku]['train'][:,0]]),
        np.array([[i] for i in y_dict[sku]['train']])),
        axis=1),
    axis=0)
  count += 1
X_clus = scaler.fit_transform(X_clus)
from sklearn.cluster import DBSCAN
dbscan = DBSCAN(eps=eps, min_samples=ms).fit(X_clus)

clusters_dbscan = dbscan.labels_
print(clusters_dbscan)
```

与 k-means 方法不同，这里还有一个额外的步骤。如前所述，DBSCAN 允许单例集群。默认情况下，sklearn 库将值-1分配给所有单例集群（表 5.3）。因此，我们希望重新标记这些-1集群，并为它们指定特定的值，以便能够在后续步骤中识别它们。

表 5.3 显示了分配给每个 SKU 的初始集群。如上所述，所有噪声点都被赋予相同的标签-1，但对应不同的集群（因此我们需要重新标记它们）。

在我们的数据集中，当设定 eps = 0.05 和 min_samples = 3 时，DBSCAN 方法识别三个非单态集群（每个集群包括多个 SKU）。这三个集群包含 33 个 SKU，我们还有 11 个单态集群（它们可以被视为噪声点）。

如前所述，我们希望重新标记单例集群。我们可以这样做：

```
for i in range(len(clusters_dbscan)):
    if clusters_dbscan[i] == -1:
        clusters_dbscan[i] = max(clusters_dbscan) + 1
print(clusters_dbscan)
```

表 5.3 通过 DBSCAN 获得的聚类示例（eps= 0.05 和 min_samples =3）

SKU	1	2	3	4	5	6	7	8	9	10	11
label	0	1	2	0	0	0	0	−1	−1	−1	0
SKU	12	13	14	15	16	17	18	19	20	21	22
label	1	0	0	−1	0	0	2	2	0	0	0
SKU	23	24	25	26	27	28	29	30	31	32	33
label	0	0	−1	0	0	0	1	−1	−1	−1	−1
SKU	34	35	36	37	38	39	40	41	42	43	44
label	0	0	1	0	0	0	−1	0	0	−1	1

重新标记后，我们获得表 5.4 中所示的标签。此时，每个集群都有自己的标签，我们可以继续下一步。

表 5.4 重新标记后的集群分类

SKU	1	2	3	4	5	6	7	8	9	10	11
label	0	1	2	0	0	0	0	3	4	5	0
SKU	12	13	14	15	16	17	18	19	20	21	22
label	1	0	0	6	0	0	2	2	0	0	0
SKU	23	24	25	26	27	28	29	30	31	32	33
label	0	0	7	0	0	0	1	8	9	10	11
SKU	34	35	36	37	38	39	40	41	42	43	44
label	0	0	1	0	0	0	12	0	0	13	1

步骤 2：拟合每个集群的单独 OLS 回归。

```
# Loop
y_clus_pred = []
y_clus_test = []
for j in range(max(clusters_dbscan) +1):
    # # Get indices of items in cluster j
```

```
clus_items = list(np.where(clusters_dbscan == j)[0])
## Initialization
# X
# initialization with first item of the cluster
X_clus_j_train = X_dict[skuSet[clus_items[0]]]['train']
X_clus_j_test = X_dict[skuSet[clus_items[0]]]['test']
# y
# initialization with first item of the cluster
y_clus_j_train = list(y_dict[skuSet[clus_items[0]]]['train'])
y_clus_j_test = list(y_dict[skuSet[clus_items[0]]]['test'])
## Loop
for idx in clus_items[1:]: # Iteration over items
    sku = skuSet[idx]
    # X
    X_clus_j_train = np.concatenate((X_clus_j_train, X_dict
                [sku]['train']), axis = 0)
    X_clus_j_test = np.concatenate((X_clus_j_test, X_dict
                [sku]['test']), axis = 0)
    # y
    y_clus_j_train += list(y_dict[sku]['train'])
    y_clus_j_test += list(y_dict[sku]['test'])
    ## Model
    model_clus_j = LinearRegression().fit(X_clus_j_train,
                y_clus_j_train)
    y_clus_pred += list(model_clus_j.predict(X_clus_j_test))
    y_clus_test += y_clus_j_test
# Results
oos_r2 = r2_score(y_clus_test, y_clus_pred)
```

在下一节中，我们将微调超参数（eps 和 min_samples），以提高预测精度。我们将使用与前面讨论的相同的训练集拆分方式来找到表现最好的模型。如前所述，最佳模型是在验证集上产生最高 R^2 值的模型。鉴于可能的参数组合很多，为了减少计算时间，我们将进行随机搜索（50 次迭代以上），而不是穷举搜索。

5.2.2 使用平均价格和周销量进行聚类

我们以与 k-means 聚类方法相同的方式进行此次聚类。我们首先运行多次迭代来确定最佳模型，然后使用新数据测试得到的模型。我们进行随机搜索，并考虑以下参数范围：

- eps：我们考虑 0.05 到 1 之间的值（步长为 0.05）。由于聚类特征变量（价格和周销量）已经过最小—最大缩放，因此 eps 的最佳值很可能在上述范围内。
- min_sample：我们考虑 2 到 15 之间的值（我们注意到，15 对应于大约三分之一的 SKU 数量，但也可以考虑更高的值）。

聚类和线性回归拟合的代码如下所示：

```
eps_values_ = list ( np.arange ( 0.05, 1, 0.05 ) )
min_samples_ = list ( range ( 2, 15 ) )
params = [ ]
maximum_score = 0
oos_r2 = 0

import random
# selection of parameters to test
random.seed ( 5 )
eps_ = random.choices ( eps_values_, k = 50 )
ms_ = random.choices ( min_samples_, k = 50 )

## Iterations to find optimal parameter
for i in range ( 50 ) :
    print ( 'Model number: ', i + 1 )
    eps = eps_ [i]
```

```python
    ms = ms_[i]
    print('Parameters: ', [eps, ms])
    # Clustering
    X_clus = np.zeros((len(skuSet), 2))
    count = 0
    for sku in skuSet:
        X_clus[count, :] = \
            np.mean(np.concatenate((
                np.array([[i] for i in X_dict_subsplit[sku]
                    ['train'][:, 0]]),
                np.array([[i] for i in y_dict_subsplit[sku]
                    ['train']])),
                axis=1),
            axis=0)
        count += 1
X_clus = scaler.fit_transform(X_clus)
dbscan = DBSCAN(eps=eps, min_samples=ms).fit(X_clus)
clusters_dbscan = dbscan.labels_
for i in range(len(clusters_dbscan)):
    if clusters_dbscan[i] == -1:
        clusters_dbscan[i] = max(clusters_dbscan) + 1
# Loop
y_clus_pred = [] # y_clus_pred_sub
y_clus_validation = [] # y_clus_test_sub
for j in range(max(clusters_dbscan) + 1):
    ## Get indices of items in cluster j
    clus_items = list(np.where(clusters_dbscan == j)[0])
    ## Initialization
    # X_sub
    X_clus_j_subtrain = X_dict_subsplit[skuSet[clus_items
                            [0]]]['train']
    X_clus_j_validation = X_dict_subsplit[skuSet[clus_items
                            [0]]]['test']
    # y_sub
```

```python
y_clus_j_subtrain = list(y_dict_subsplit[skuSet[clus_items
                    [0]]]['train'])
y_clus_j_validation = list(y_dict_subsplit[skuSet
                    [clus_items[0]]]['test'])
## Loop
for idx in clus_items[1:]: # Iteration over items
    sku = skuSet[idx]
    # X_sub
    X_clus_j_subtrain = np.concatenate((X_clus_j_subtrain,
                        X_dict_subsplit[sku]
                        ['train']), axis=0)
    X_clus_j_validation = np.concatenate((X_clus_j_validation,
                        X_dict_subsplit[sku]
                        ['test']), axis=0)
    # y_sub
    y_clus_j_subtrain += list(y_dict_subsplit[sku]['train'])
    y_clus_j_validation += list(y_dict_subsplit[sku]['test'])
## Model
model_clus_j_sub = LinearRegression().fit(X_clus_j_
                        subtrain, y_
                        clus_j_
                        subtrain)
y_clus_pred += list(model_clus_j_sub.predict
                        (X_clus_j_validation))
y_clus_validation += y_clus_j_validation

# Comparison of results
score = r2_score(np.array(y_clus_validation), np.array
    (y_clus_pred))
print('Validation R2: ', score)
if score > maximum_score:
    params = [eps, ms]
    maximum_score = score
```

5 聚 类

接下来，我们使用上面确定的最佳参数值来估计模型。我们在整个训练集上训练模型，并在测试集上对其进行评估。

```
eps, ms = params
# Clustering
X_clus = np.zeros((len(skuSet),2))
count = 0
for sku in skuSet:
  X_clus[count,:] = np.mean(
    np.concatenate((
      np.array([[i] for i in X_dict[sku]['train'][:,0]]),
      np.array([[i] for i in y_dict[sku]['train']])),
    axis = 1),
  axis = 0)
  count += 1
X_clus = scaler.fit_transform(X_clus)
dbscan = DBSCAN(eps = eps, min_samples = ms).fit(X_clus)
clusters_dbscan = dbscan.labels_
for i in range(len(clusters_dbscan)):
  if clusters_dbscan[i] == -1:
    clusters_dbscan[i] = max(clusters_dbscan) + 1
# Loop
y_clus_pred = []
y_clus_test = []
for j in range(max(clusters_dbscan) + 1):
  ## Get indices of items in cluster j
  clus_items = list(np.where(clusters_dbscan == j)[0])
  ## Initialization
  # X
  X_clus_j_train = X_dict[skuSet[clus_items[0]]]['train']
  X_clus_j_test = X_dict[skuSet[clus_items[0]]]['test']
  # y
  y_clus_j_train = list(y_dict[skuSet[clus_items[0]]]['train'])
  y_clus_j_test = list(y_dict[skuSet[clus_items[0]]]['test'])
```

```
## Loop
for idx in clus_items[1:]: # Iteration over items
    sku = skuSet[idx]
    # X
    X_clus_j_train = np.concatenate((X_clus_j_train,
                                     X_dict[sku]['train']),
                                    axis=0)
    X_clus_j_test = np.concatenate((X_clus_j_test,
                                    X_dict[sku]['test']),
                                   axis=0)
    # y
    y_clus_j_train += list(y_dict[sku]['train'])
    y_clus_j_test += list(y_dict[sku]['test'])
## Model
model_clus_j = LinearRegression().fit(X_clus_j_train,
                                      y_clus_j_train)
y_clus_pred += list(model_clus_j.predict(X_clus_j_test))
y_clus_test += y_clus_j_test
# Results
oos_r2 = r2_score(y_clus_test, y_clus_pred)

#### Print Results ####
print('\nBest Model: ')
print('Parameters: ', params)
print('Validation R2: ', maximum_score)
print('OOS R2: ', oos_r2)
```

结果如下：

```
Best Model:
Parameters: [0.2, 3]
Validation R2: 0.238
OOS R2: 0.544
```

在这种情况下，我们发现测试集上的 R^2 远高于验证集上的值。这表明该方法不会过度拟合数据,更好的预测表现可能是因为我们使用了更大的数据集来训练最终模型并计算 OOS R^2。这个模型的运行时间如下:

OOS R2: 0.544

Time to compute: 0.036

总的来说,上述聚类方法具有良好的性能和较短的运行时间。接下来,我们尝试将特征变量的标准差合并到聚类步骤中。

在这样做之前,我们希望通过可视化来了解集群的形成。图 5.5 给出了一个示意图。

具体而言,我们可以看到以下内容:

- 集群 0 包含 41 个 SKU。
- 集群 1 和集群 2 各包含一个 SKU,它们周销量低、价格很高。
- 集群 3 包含一个周销量最高、价格较低的 SKU。

将上述模型与集中式 OLS 方法进行比较似乎是很有意义的。一方面,集中式 OLS 方法包括全部 44 个 SKU,OOS R^2 为 0.114。另一方面,集群 0 的模型包括 41 个 SKU,全局模型得出的 OOS R^2 为 0.544,这要高得多。这一发现再次说明,聚合的相关性往往比聚合的粒度更重要。

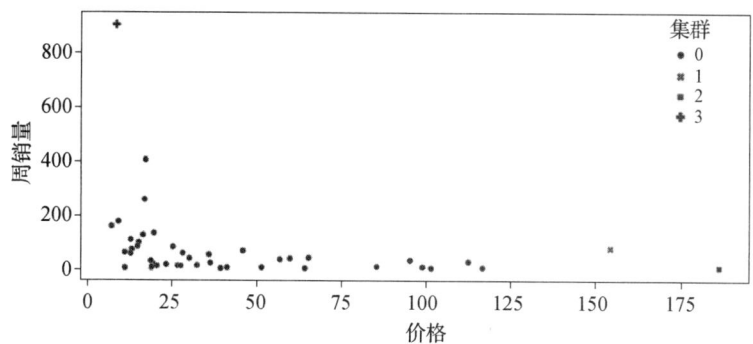

图 5.5 有最佳参数的 DBSCAN 集群图解(eps = 0.2 和 min_samples = 3)

5.2.3 添加聚类特征的标准差

与之前一样,我们考虑添加特征变量的标准差。我们省略了细节,以避免重复相同的过程。结果汇总见表 5.5。

表 5.5 DBSCAN 聚类方法的结果汇总

Features	Best model	OOS R^2	Computing time (sec)
Avg. price and weekly sales	eps=0.2,min_samples=3	0.544	0.036
Avg. and std. dev.	eps=0.3,min_samples=2	0.545	0.048

在这种情况下,我们发现,与 k-means 方法相比,DBSCAN 方法并没有提高预测精度。如前所述,建模是一门艺术,同样的方法不能保证适合不同的场景。因此,本书旨在提出一系列方法和实践,以方便读者在处理零售业的需求预测问题时选择合适的方法。

基于 OOS R^2 和计算时间,DBSCAN 的最佳设置似乎是同时使用价格和周销量的平均值和标准差。

总之,我们可以在需求预测的背景下利用聚类技术。通过将多个 SKU 组合在一起,我们可以增加类似产品的观测样本数量,并最终获得更高的预测准确性。同时,根据聚类方法和使用的特征集,我们可能会得到截然不同的结果。我们需要仔细测试不同的备选方案,并在预测准确性和模型解释能力方面(例如哪些 SKU 被聚集在一起),对它们进行比较。

在本节中,我们考虑应用 OLS 方法预测每个集群的需求。更一般地,可以通过将聚类与其他预测方法(例如 Lasso、决策树、随机森林）相结合来进行预测。

注：聚类作为一种无监督学习方法，人们可能想知道如何比较不同的聚类方法。由于我们的最终目标是预测需求（聚类只是一个中间步骤），我们可以直接比较需求预测精度，即 OOS R^2，而不是比较聚类结果，以比较不同的聚类技术和超参数组合。

6

评估与可视化

在本节中，我们将总结预测结果、比较不同的方法，并提供几种简单的方法来可视化和传达预测结果。

此部分的相关文件可在以下网站中找到：

https：//demandpredictionbook.com

- 6/Evaluation and Visualization.ipynb
- results.csv

6.1 结果总结

我们创建了一个柱状图，其中包括本书中介绍的 15 种不同方法的所有 OOS R^2。以下是可用于生成图 6.1 中柱状图的代码。

```
import pandas as pd
res = pd.read_csv('results.csv')
res


results = pd.DataFrame()
results['model'] = res.columns
results['OOS R2'] = res.values.tolist()[0]
results['method-type'] = ['Traditional', 'Traditional',
                          'Traditional', 'Traditional',
```

```
                                 'Traditional ', 'Traditional ',
                                 'Traditional', 'Tree -based ','
                                 Tree - based ', 'Tree - based ',
                                 'Tree - based ', 'Tree  - based ',
                                 'Tree - based ', ' Clustering  ',
                                 'Clustering']
results
```

接下来，我们选择图的各种参数（颜色、标签、轴等）。

```
import matplotlib.pyplot as plt
import seaborn as sns

plt.rcParams.update ( {'font.size ': 15})

fig, ax = plt.subplots ( figsize = (20, 8) )

g = sns.barplot ( data = results, x ='model ', y ='OOS R2 ', ax = ax,
hue ='method - type ', palette ='dark', dodge = False )
ax.set_ ylabel ('OOS $R^2$ ', size = 14)
ax.set_ xticklabels ( list ( res.columns ),
                     rotation = 45, ha ='right ')
ax.set_ ylim ( [0, 0.8])
ax.yaxis.grid ( True )
plt.xticks ( size = 15)
plt.yticks ( size = 15)
plt.savefig ('results_ plot.png ', dpi = 400, bbox_ inches = 'tight ')
plt.show ( )
```

如图 6.1 所示，不同方法的 R^2 差异很大。前七条对应基于 OLS 的方法，中间六条对应基于树的方法，最后两条对应基于聚类的方法。有几种方法的 OOS R^2 高于 0.55，这是一种合理的表现。有趣的是，在每种类型的方法中，我们都至少可以找到一种表现良好的方法。请务必记住，上述 R^2 值是所有 SKU 和所有周的平均值。因此，对特定 SKU

子集和更具体时间段的预测表现进行研究可能是有意义的。这样对于特定季节的特定 SKU 子集（例如，快闪项目），预测精度很可能会高得多。在对预测模型进行估计后，确定哪种 SKU 子集能提供最高的预测精度，也很有价值。然后，可以决定仅对这些 SKU 使用该模型。另一个值得一提的想法是，为不同的 SKU 定制模型。例如，分散式的 OLS 可能适合某个类别中的 SKU，而基于聚类的随机森林可能更适合另一个类别中的 SKU。

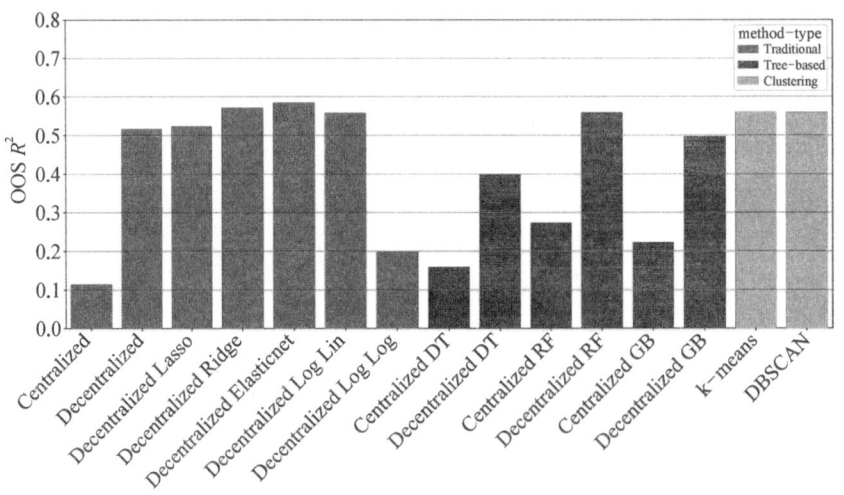

图 6.1　15 种需求预测方法的 OOS R^2

在下一节中，我们将比较一段时间内的预测和实际销售情况。

6.2　预测与实际

通过绘制预测值与实际值随时间变化的图表来测试预测表现是一种令人信服的分析方法。我们首先研究不同预测模型对单个 SKU（SKU 11）的预测表现。为了简洁起见，我们只考虑 OLS 方法。

我们用下面的代码在同一个图上绘制训练数据（即，数据集的前 68 周）、测试数据（即，剩余的 30 周）和预测值。

```
plt.rcParams.update({'font.size':10})

plt.title('Weekly sales SKU 11')
plt.ylabel('Sales')

plt.plot(data.iloc[:68]['week'],
         y_train_primer,
         label='training',
         color=sns.color_palette(palette='colorblind')[3])

plt.plot(data.iloc[68:]['week'],
         y_test_primer,
         label='test',
         color=sns.color_palette(palette='colorblind')[2],
         linestyle='dotted')

plt.plot(data.iloc[68:]['week'],
         y_pred_primer,
         color=sns.color_palette(palette='colorblind')[1],
         label='prediction',
         linestyle='dashdot')

plt.legend(loc='upper right', fontsize='small')

plt.ylim([0, 50])
locs, labels = plt.xticks()
x_ticks = []
plt.xticks(locs[2::10], data.week[2::10], rotation=30)

plt.show()
```

输出结果如图 6.2 所示。在左侧（实线），曲线对应于训练集阶段的实际销量。在右侧，两条曲线分别表示测试集阶段的实际销量[细虚线（------）]和预测销量[粗点画线（-·-·-·-）]。正如我们所看到的，尽管并不完美，但预测的销量在一定程度上反映了实际销量的模式和趋势。具体来说，预测的需求捕获了实际需求值的增长和下降趋势，但有时不能拟合正确的数量。请注意，我们得到 SKU 11 的 OOS R^2 为 0.31。

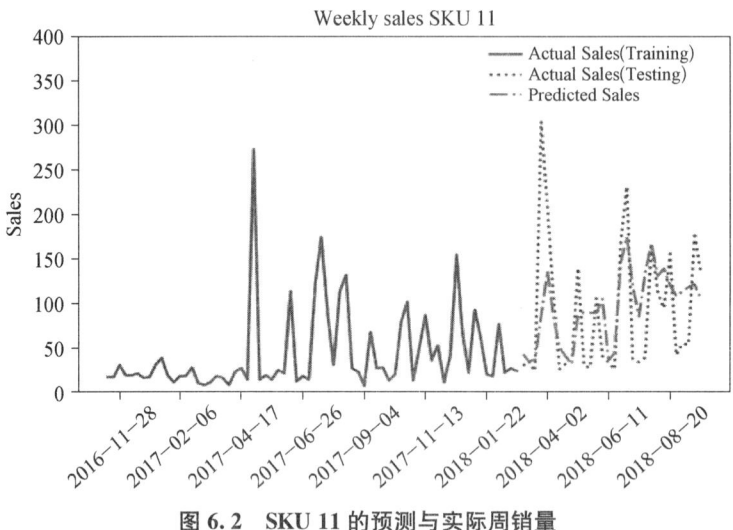

图 6.2　SKU 11 的预测与实际周销量

接下来，我们将图 6.2 所示的视觉对比扩展到所有 44 个 SKU 的总销量。具体来说，我们为每种类型的方法选择性能最好的模型：分散式 Elastic Net、k-means[①] 和随机森林。然后，我们累加所有 SKU 的预测值，并绘制预测值和实际周销量随时间的变化曲线。结果如图 6.3 所示。

---

① 聚类过程基于价格和周销量的平均值和标准差。

```python
df_test = pd.DataFrame()
df_test['actual'] = y_test
df_test['week'] = list(data.iloc[68:].week) * len(skuSet)

# run decentralized elasticnet
...
df_test['decentralized_elasticnet'] = y_pred
# run K-means
...
df_test['K-means'] = y_clus_pred

# run Decentralized Random Forest
...
df_test['decentralized-RF'] = y_pred

# sum up prediction over all SKUs for each model
sum_pred = df_test.groupby('week')['decentralized_elasticnet',
                                    'K-means',
                                    'decentralized-RF',
                                    'Actual'].sum().reset_index()

df_train = pd.DataFrame()
df_train['train'] = y_train
df_train['week'] = list(data.iloc[:68].week) * len(skuSet)
# sum up historical sales
sum_train = df_train.groupby('week')['train'].sum().reset_index()

plt.rcParams.update({'font.size': 10})

plt.title('Total Weekly Sales')
plt.ylabel('Sales')
```

```python
plt.plot(sum_train.iloc[:68]['week'],
        sum_train.train,
        label='Actual Sales (Training)',
        color=sns.color_palette(palette='colorblind')[3])

plt.plot(sum_pred['week'],
        sum_pred.actual,
        label='Actual Sales (Testing)',
        color=sns.color_palette(palette='colorblind')[2])

plt.plot(sum_pred['week'],
        sum_pred.decentralized_elasticnet,
        color=sns.color_palette(palette='colorblind')[1],
        label='Decentralized Elastic Net',
        linestyle='dashdot')

plt.plot(sum_pred['week'],
        sum_pred['K-means'],
        color=sns.color_palette(palette='colorblind')[5],
        label='K-means',
        linestyle='dashed')

plt.plot(sum_pred['week'],
        sum_pred['decentralized-RF'],
        color=sns.color_palette(palette='colorblind')[4],
        label='Decentralized Random Forest',
        linestyle=':')

plt.legend(loc='best', fontsize='small')
plt.ylim([0, 12000])
locs, labels = plt.xticks()
x_ticks = []
plt.xticks(locs[0::10], data.week[0::10], rotation=30)
```

```python
plt.savefig('total_predictions_comparison_full.png', dpi=400,
            bbox_inches='tight')
plt.show()

plt.rcParams.update({'font.size': 10})

plt.title('Total Weekly Sales')
plt.ylabel('Sales')

plt.plot(sum_pred['week'],
         sum_pred.actual,
         label='Actual Sales (Testing)',
         color=sns.color_palette(palette='colorblind')[2])

plt.plot(sum_pred['week'],
         sum_pred.decentralized_elasticnet,
         color=sns.color_palette(palette='colorblind')[1],
         label='Decentralized Elastic Net',
         linestyle='dashdot')

plt.plot(sum_pred['week'],
         sum_pred['K-means'],
         color=sns.color_palette(palette='colorblind')[5],
         label='K-means',
         linestyle='dashed')

plt.plot(sum_pred['week'],
         sum_pred['decentralized-RF'],
         color=sns.color_palette(palette='colorblind')[4],
         label='Decentralized Random Forest',
         linestyle=':')

plt.legend(loc='best', fontsize='small')
locs, labels = plt.xticks()
```

```
x_ticks = []
plt.xticks(locs[0::8], data.week.iloc[68:][0::8], rotation = 30)

plt.show()
```

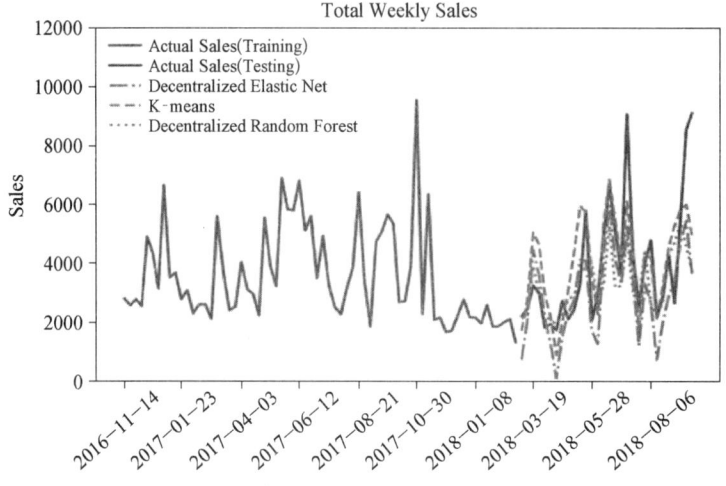

图 6.3　总的周销量比较

本节对我们在前几节中获得的预测结果进行了评估和可视化。正如我们所看到的，预测表现随使用的方法和 SKU 的不同有很大差异。虽然预测准确度指标（例如 R^2）能提供一定信息，但上面显示的曲线图对于现实沟通和管理更为有用。在进行这种详尽的比较之后，我们需要选择适当的预测方法（可以为不同的 SKU 选择不同的方法，尽管这会增加实现的复杂度）。如果结果不够令人满意，可以决定等待并收集额外的数据，然后再重新测试各种预测方法。然而，重要的是要记住，不存在完美的预测，因此使用产生不完美预测精度的模型是完全可以接受的（图 6.4）。

6　评估与可视化

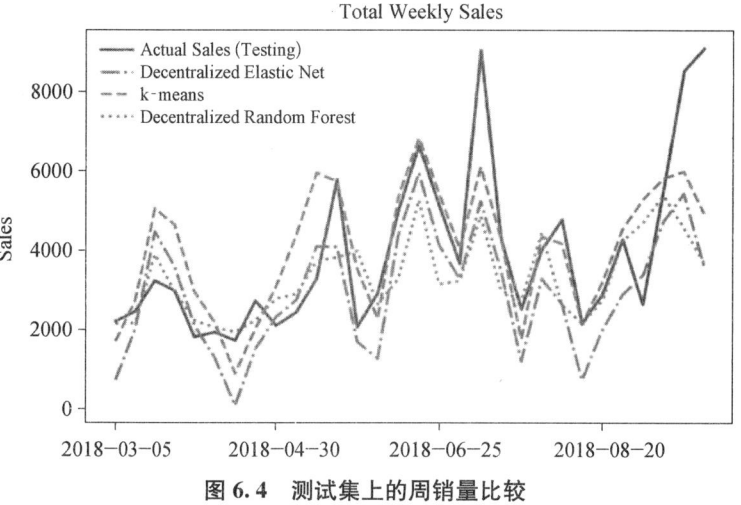

图 6.4　测试集上的周销量比较

6.3　改变训练集和测试集分割比率

本节的目的是评估我们的结果相对于分割比率值的稳健性。如章节 1.3.1 所述，执行基于时间的训练测试分割的主要优点是保留了数据的时间结构；主要缺点是无法执行交叉验证。评估预测结果稳健性的一种可能方法是改变分割比率。具体而言，我们考虑三个分割比率：65％/35％、70％/30％ 和 75％/25％（注：对于为了确定最佳模型参数值的子拆分，我们使用与训练—测试相同的分割比率）。

为了简洁起见，我们直接导入所有结果（表 6.1）。读者可以通过使用不同的拆分比率运行脚本来复刻此表。

```
res = pd.read_csv('robustness_test.csv')
```

147

表 6.1 使用不同分割比率的不同方法的 OOS R^2

Model	Method type	65%/35%	70%/30%	75%/25%
Centralized	Traditional	0.11	0.11	0.12
Decentralized	Traditional	0.42	0.52	0.55
Decentralized Lasso	Traditional	0.44	0.52	0.56
Decentralized Ridge	Traditional	0.54	0.57	0.59
Decentralized Elastic Net	Traditional	0.56	0.58	0.61
Decentralized Log Lin	Traditional	0.47	0.56	0.57
Decentralized Log Log	Traditional	0.20	0.20	0.17
Centralized DT	Tree-based	0.37	0.16	0.21
Decentralized DT	Tree-based	0.48	0.40	0.45
Centralized RF	Tree-based	0.34	0.27	0.37
Decentralized RF	Tree-based	0.56	0.56	0.57
Centralized GB	Tree-based	0.38	0.22	0.28
Decentralized GB	Tree-based	0.54	0.50	0.46
k-means[a]	Clustering	0.56	0.56	0.15
DBSCAN[b]	Clustering	0.54	0.54	0.57

[a] k-means 聚类依赖于预测因子和周销量平均值的使用
[b] DBSCAN 聚类依赖于预测因子平均值的使用（不包括周销量）

我们接下来绘制结果，以便更好地解释它们。第一步是将上面的宽表转换为长表（即，我们希望将表格展开）。不同表格具有不同的优势：

• 在一个宽表中，不同的变量显示在不同的列中。这种格式更容易理解和解释。

• 在一个长表中，不同的变量只显示在一列中，称为"value"列。还有另一列包含宽格式的相应变量，称为"variable"列。这将得出更少的列和更多的行（因此命名为长表）。此格式更便于执行操作（因为只能将操作应用于一列）。例如，seaborn 包[①]（我们用于可视化）可以

[①] https：//seaborn.pydata.org/introduction.html.

更好地处理这种格式。

为了转换数据，我们使用 pandas 库的 melt 函数。[①] 我们使用的此函数的参数如下：

- 要转换的 DataFrame（本例中为 res）。
- id_vars：用作标识符变量的列的列表。这些列不得旋转展开 (model and method_type)。
- value_vars：要旋转展开的列的列表（65%/35%、70%/30%和75%/25%）。
- var_name："variable"列的名称（分割）。
- value_name："value"列的名称（OOS R^2）。

```
results = pd.melt(res,
                id_vars = ['model','method_type'],
                value_vars = ['65-35%','70-30%','75-25%'],
                var_name ='split',
                value_name ='OOS R2')
```

results 数据集的前五行如表 6.2 所示。

表 6.2　长表格式图解

Model	Method type	Split（%）	R^2
Centralized	Traditional	65—35	0.11
Decentralized	Traditional	65—35	0.42
Decentralized Lasso	Traditional	65—35	0.44
Decentralized Ridge	Traditional	65—35	0.54
Decentralized Elastic Net	Traditional	65—35	0.56

---

① https：//pandas.pydata.org/docs/reference/api/pandas.melt.html.

我们将结果绘制在图 6.5 中。

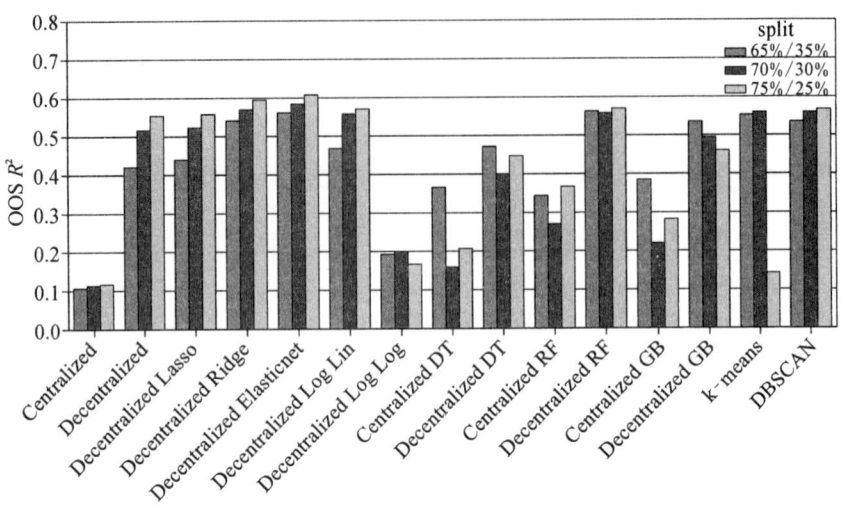

图 6.5　不同分割比率的稳健性展示

用于绘制此图的代码如下所示：

```
plt.rcParams.update({'font.size':15})
fig, ax = plt.subplots(figsize=(20,8))
g = sns.barplot(data = results,
                x = 'model',
                y = 'OOS R2',
                hue = 'split',
                palette = 'dark',
                ax = ax)
ax.set_ylabel('OOS $R^2$', size = 14)
ax.set_xticklabels(list(res.model), rotation = 45, ha = 'right')
ax.set_ylim([0, 0.8])
ax.yaxis.grid(True)
plt.xticks(size = 15)
plt.yticks(size = 15)
plt.show()
```

上述测试评估了我们的研究结果在预测准确性和方法比较方面的稳

健性。特别是，它增强了我们对以下发现的信心：

- 鉴于集中式方法的 OOS R^2 比分散式方法的低，因此预测 SKU 级别的需求是合适的。
- 对价格变量进行对数变换可提高其预测能力（但不适用于目标变量）。
- 在我们的设定中，将多个 SKU 聚类汇总是一种有用的方法（即，聚类方法对于所有分割比率都表现良好）。
- 对于我们的问题和数据集来说，决策树似乎并不是一种好方法。
- 梯度提升树不能产生好的结果（我们没有足够的数据来充分发挥这种方法的优势）。

此外，我们的模型在分割比率较低的情况下的预测能力，可以被视为对未来预测的良好指标。事实上，测试集时间范围的增加相当于分割比率的降低（假设可用数据量相同）。例如，与使用 75%/25% 的比率时相比，使用 65%/35% 的比率时，分散式 OLS 方法得的 OOS R^2 更低（0.55 与 0.42，即减少 23%）。相反，Elastic Net 分散式方法似乎可以产生更稳定的结果。因此，如果我们有兴趣预测比本书中使用的 30 周时间更长的未来需求，建议使用 Elastic Net 分散式方法，而不是分散式 OLS 方法（至少对于焦点数据集而言）。

引起我们注意是，在 k-means 聚类方法中，OOS R^2 随分割比率的变化而显著变化。正如我们下面解释的，这是由于检验集上的 R^2 较低。在表 6.3 中，我们展示了需要调整超参数的 8 种方法的验征集 R^2 和 OOS R^2。

表 6.3　使用 70%/30% 分割比率的验证集 R^2 和 OOS R^2

Model	Validation R^2	OOS R^2
Centralized-Decision Tree	0.570	0.159
Decentralized-Decision Tree	0.685	0.399
Centralized-Random Forest	0.457	0.272
Decentralized-Random Forest	0.573	0.559
Centralized-Gradient Boosted Tree	0.475	0.223
Decentralized-Gradient Boosted Tree	0.607	0.497
k-means clustering	0.264	0.560
DBSCAN clustering	0.263	0.545

对于基于树的方法，验证集 R^2 似乎高于 OOS R^2，这符合我们的预期。事实上，在所有测试的参数组合中，验证集 R^2 是最高的，而 OOS R^2 是在新数据集上测试的模型的表现结果。然而，对于这两种聚类方法，我们观察到相反的模式（即 OOS R^2 显著高于验证集 R^2）。在这种情况下，对模型的表现下结论时应特别谨慎。

7

更先进的方法

在本节中,我们将讨论两种更先进的方法。这两种方法是需求预测领域的最新进展。当然,在学术文献中也可以找到大量其他先进方法,但这些方法超出了本书的范围。我们首先介绍 Prophet 方法,这是一种时间序列需求预测方法,通常适用于大规模的问题。然后,我们讨论一种可以在数据聚合和需求预测之间取得良好平衡的方法。

此部分的相关文件可在以下网站中找到:

https：//demandpredictionbook.com

- 7/More Advanced Methods. ipynb

7.1　Prophet 方法

7.1.1　什么是 Prophet 方法

7.1.1.1　Prophet 方法的工作原理

Prophet 是 Facebook 研究人员于 2017 年发布的一个开源库,可使用 R 或 Python 编写。[1] 它旨在帮助数据科学家分析和预测时间序列值。

---

[1] TAYLOR S J, LETHAM B. Forecasting at scale [J]. The American Statistician, 2018, 72 (1)：37-45.

因此,零售业的需求预测自然是其应用领域。

从高层次来看,该方法将时间序列分解为三个主要部分:趋势、季节性和假期。这些组成部分按以下公式进行组合:

$$y(t) = g(t) + s(t) + h(t) + \varepsilon_t$$

其中,$g(t)$是增长(或趋势)函数,用于捕捉非周期性变化;$s(t)$代表周期性变化(例如每周和每年的季节性变化);$h(t)$表示在可能不规则时间表上发生的假日效应,持续1天或更多天;ε_t是误差项。

我们使用逻辑增长函数(也称为 sigmoid)对增长进行建模。该模型应用广泛。[①] 公式如下:

$$g(t) = \frac{C}{1 + \exp(-k(t-m))}$$

参数C、m和k如图7.1所示。具体来说,C是增长函数的最大渐近值(即,当t接近无穷大时达到的值);m可以解释为中轴点(即,增长值为$C/2$时的t值);k表示中轴点附近的增长率。

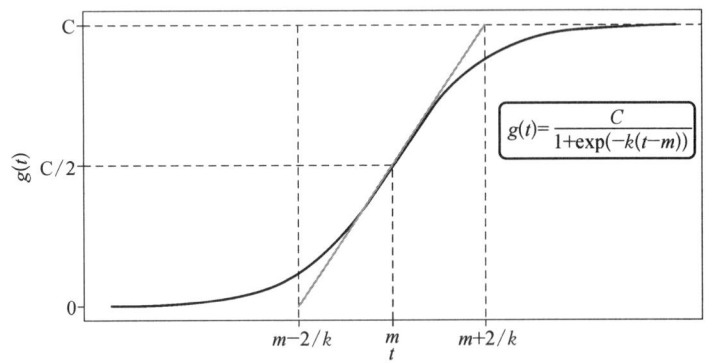

图 7.1 S形函数图解

---

① HUTCHINSON G E. An introduction to population ecology [M]. New Haven: Yale University Press, 1978.

7 更先进的方法

我们可以看到三个增长区：指数增长（$t<m$）、线性增长（$t=m$）和饱和增长（$t>m$）。

季节性使用傅里叶序列建模，这是一种常见的周期函数模型，其核心原理是用正弦和余弦之和建模任何给定的周期性（即，季节性）函数。图 7.2 给出了一个简单的说明。正如 Eric W. Weisstein 在 MathWorld 的一篇文章中所解释的那样，这个原理可以进一步扩展到任何周期性函数。[①]

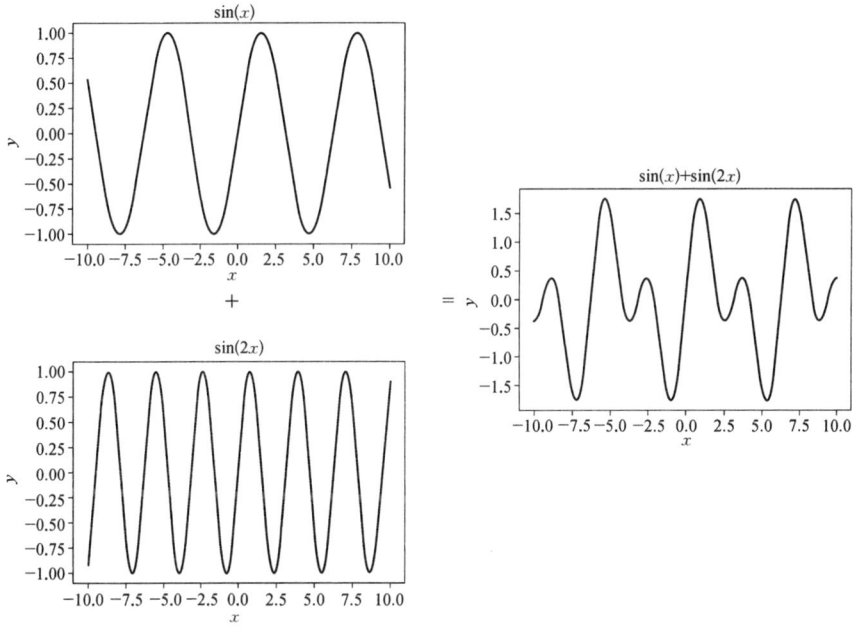

图 7.2 $\sin(x) + \sin(2x)$ 函数图解

关于 Prophet 方法的其他建模细节可以在 Facebook Prophet 文档里找到。[②]

---

① WEISSTEIN E W. Fourier Series [EB/OL]. [2021-07-26]. https://mathworld.wolfram.com/FourierSeries.html.

② https://facebook.github.io/prophet/.

7.1.1.2 以单个 SKU 为例

接下来，我们将讨论 Prophet 方法建模如何应用于我们的数据集。如第 2 章所述，我们将重点关注特定的 SKU（SKU 11）。本节旨在说明模型的工作原理，并进一步深入了解 SKU 11 的数据。预测部分将在下一节中介绍。实现代码如下所示。

```
df_11 = sales [sales.sku == 11]
df_train = pd.DataFrame ( )
df_train ['ds'] = list (df_11 ['week']) [:68]
df_train ['y'] = list (df_11 ['weekly_sales']) [:68]
```

首先，我们需要创建一个包含 SKU 11 数据的框架。我们可以依靠公开的 Prophet 库，它很容易使用。要想使用 Prophet 库，我们只需要格式化输入数据。具体来说，我们创建了一个包含两列的数据集：

- ds：一周的星期———我们用星期一来确定一个周。
- y：一周的销量，也就是我们要预测的值。

然后，我们需要指定模型参数。在我们的例子中，我们将使用一种简单的方法，仅对年度季节性进行建模（也可以对月度或周度季节性进行建模）。我们还将美国的节假日包括在内（例如感恩节和圣诞节被标记为假期，可以监测其对销售的影响）。我们将 yearly_seasonality 参数设置为 12，这意味着一年中有 12 个周期（例如它可以对应于 12 个日历月）。当然，可以根据具体情况使用不同的值。较高的该参数值将会更好地拟合训练数据（但可能会加重过度拟合）。总的来说，进行预测时应根据业务知识和预测能力调整参数。然后，我们使用训练数据拟合模型。

```
m = Prophet (yearly_seasonality = 12)
m.add_country_holidays (country_name = 'US')
m.fit (df_train)
```

下一步是指定所需的预测频率（在我们的例子中，是每周）和我们希望预测的周期数（我们希望预测 30 周）。最后，我们绘制并保存结果图。结果如图 7.3 所示。

```
future = m.make_future_dataframe(periods = 30, freq = 'W')
forecast = m.predict(future)
plt.rcParams.update({'font.size': 14})
fig1 = m.plot(forecast)
plt.xlabel('date')
plt.ylabel('Weekly sales')
fig1 = m.plot(forecast)
```

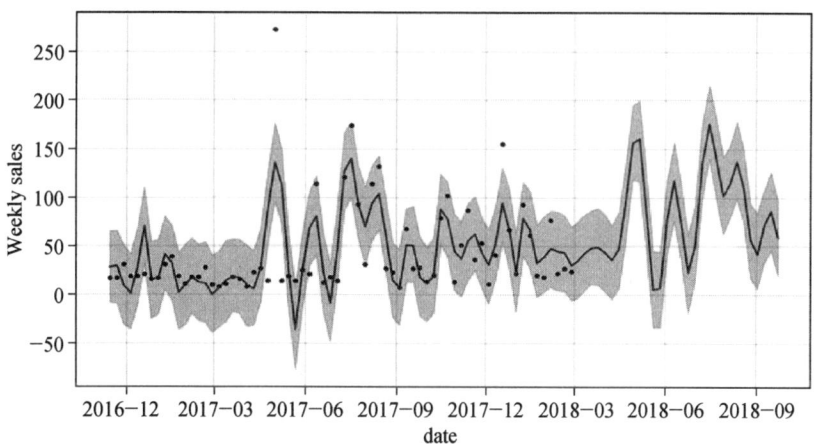

图 7.3　SKU 11 的历史数据和使用 Prophet 方法对 SKU 11 的预测

在图 7.3 中，点表示历史周销量，平曲线对应预测值，阴影区域表示周销量预测的 80% 置信区间。

Prophet 库还包括一个函数，用于绘制分解的不同组件（$g(t)$、$s(t)$、$h(t)$）。这可能有助于我们更好地理解模型，并从数据中获得更多信息。使用 SKU 11 的数据并将其分解为三个部分，如图 7.4 所示。

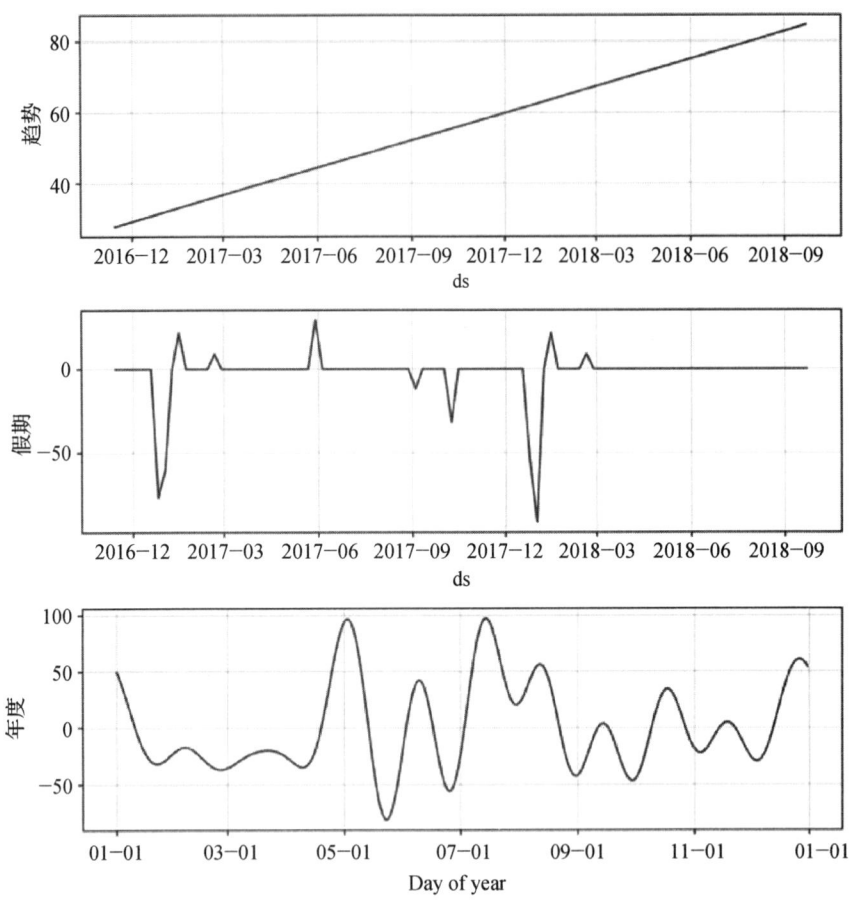

图 7.4 SKU 11 的趋势、假期和年度季节性

在图 7.4 中,我们可以观察到线性趋势。这表明了 sigmoid 函数捕捉不同类型增长的能力(例如指数、线性、饱和、平坦)。当分析假期时,我们可以看到 SKU 11 在圣诞节期间并不畅销。当查看年度季节性时,我们可以推断 SKU 11 更常在 5 月和 8 月被购买,而较少在 6 月和 10 月被购买。

绘制图 7.4 的代码如下:

```
plt.rcParams.update({'font.size': 14})
fig2 = m.plot_components(forecast)
plt.xticks(rotation=30)
```

接下来,在图 7.5 中我们绘制了预测的每周需求与实际值的对比。这让我们了解了数据变化情况。在这种情况下,预测似乎并不准确。一种可能的解释是,我们没有将任何可用特征(例如价格)作为预测模型的输入变量。我们将在下一节研究向 Prophet 方法添加特征变量的可能方法。

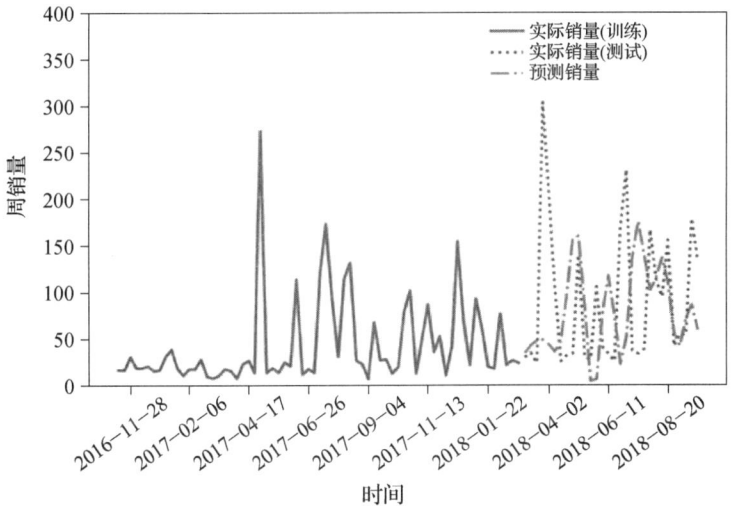

图 7.5 使用 Prophet 预测的周销量与其实际值

7.1.2 使用 Prophet 方法预测

7.1.2.1 单变量时间序列

我们首先将之前的方法扩展到数据集中的所有 SKU 上。我们首先考虑与之前相同的模型(即不包括特征变量)。我们将此模型称为单变量时间序列预测。对于每个 SKU,我们的目标是使用 Prophet 方法预测每周销量。代码如下所示,并可在我们的网站上获取。[①]

第一步是合理地安排数据结构。

```python
df_prophet_univariate = sales [['sku', 'week', 'weekly_sales']]

skuSet = sales.sku.unique()
skuData = {}
for i in skuSet:
    df_i = df_prophet_univariate [df_prophet_univariate.sku == i]
    skuData [i] = {'X': df_i.week.values,
                   'y': df_i.weekly_sales.values}

X_dict = {}
y_dict = {}

y_test = []
y_train = []

for i in skuSet:

    X_train_i, X_test_i = np.split (skuData [i]['X'], [68])
    y_train_i, y_test_i = np.split (skuData [i]['y'], [68])

    X_dict [i] = {'train': X_train_i, 'test': X_test_i}
    y_dict [i] = {'train': y_train_i, 'test': y_test_i}

    y_test += list (y_test_i)
    y_train += list (y_train_i)

y_train = np.array (y_train)
y_test = np.array (y_test)
```

然后,我们为每个 SKU 运行 Prophet 方法。

[①] https://demandpredictionbook.com.

注：年度季节性的选择详见下文。

```
# Initialization
y_pred = []
y_prophet = []

count = 1

for i in skuSet:
 print ('item: ', count)
 count += 1
 df_train = pd.DataFrame ()
 df_train ['ds'] = X_dict [i]['train']
 df_train ['y'] = y_dict [i]['train']
 size_pred = y_dict [i]['test'].shape [0]

 m = Prophet (yearly_seasonality = [## Input yearly seasonality ##])
 m.add_country_holidays (country_name ='US')
 m.fit (df_train)
 future = m.make_future_dataframe (periods = size_pred, freq = 'W')
 forecast = m.predict (future)

 y_pred_i = np.array (forecast ['yhat'][-size_pred:])
 y_pred += list (y_pred_i)

 y_prophet_i = np.array (forecast ['yhat'])
 y_prophet += list (y_prophet_i)
```

如前所述，我们希望微调捕捉年度季节性的参数。我们依靠预测性能指标（即，OOS R^2）来进行调整。具体来说，我们进行一个网格搜索，季节性值从 0（即，全年平坦的季节性）到 19（鉴于我们只有 60 周的训练数据，我们不希望使用过高的季节性值，以避免过度拟合）。我们注意到，我们为所有的 SKU 选择了相同的年度季节性。进一步，我们还可以在 SKU 级别调整季节性参数（即，针对每个 SKU 分别调整）。

网格搜索循环的实现方式如下：

```
res_r2 = []
for yearly_seas in range(20):
    print('\n Seasonality: ', seas)
    # Initialization
    ...
    # Loop
    for i in skuSet:
        ...
        m = Prophet(yearly_seasonality = yearly_seas)
        ...
    # Export results
    print('R2: ', round(r2_score(y_test, np.array(y_pred)), 3))
    res_r2.append(r2_score(y_test, np.array(y_pred)))
```

结果如表 7.1 所示。

表 7.1　最佳年度季节性参数的选择

Yearly seasonality	OOS R^2
0	0.116
1	**0.265**
2	0.231
3	0.105
4	0.104
5	0.024
6	0.021
7	0.018
8	0.039

续 表

Yearly seasonality	OOS R^2
9	0.009
10	−0.028
11	−0.032
12	−0.123
13	−0.070
14	−0.094
15	−0.163
16	−0.158
17	−0.231
18	−0.228
19	−0.270

如我们所见，最佳年度季节性值为 1。这意味着每年有一个周期，也就是说有一个旺季和一个淡季。此时 OOS R^2 的值不大，这也意味着时间序列预测在我们的环境（和我们的数据）中不是非常强大，因为每年一次的周期性不是我们在本书中看到的典型模式（全年的高波动性和显著变化）。如前所述，较高的季节性值似乎通常会导致过度拟合。

7.1.2.2 添加特征变量

为了提高模型的预测性能，一种可行的方法是拟合本书前面介绍的一些模型，同时将 Prophet 生成的特征作为预测因子之一。具体来说，我们将用一个包含每个 SKU 和每周的 Prophet 预测值的列，替换与时间相关的列（即，趋势和月份变量）。其思路是使用 Prophet 方法结合其他特征（价格、功能等）来捕获时间模式。

实现代码如下所示。我们重点关注分散式 OLS 模型。不过，也可以通过使用其他模型（如下所述）轻松应用相同的方法。

首先，我们构建数据集：

```
df_prophet_multivariate = sales.copy()
df_prophet_multivariate['prophet'] = y_prophet
# the order is the same (ranked by week and sku)
df_prophet_multivariate
    = df_prophet_multivariate.drop(columns = {'trend',
                                    'month_2', 'month_3',
                                    'month_4', 'month_5',
                                    'month_6', 'month_7',
                                    'month_8', 'month_9',
                                    'month_10', 'month_11',
                                    'month_12'})
                                    # we remove other
                                    time-related features
df_prophet_multivariate.head()
```

其次，我们按照章节 3.2 所述构造数据集。

```
skuSet = list(df_prophet_multivariate.sku.unique())
skuData = {}
colnames = [i for i in df_prophet_multivariate.columns if i not in
            ['week', 'weekly_sales', 'sku']]
for i in skuSet:
    df_i = df_prophet_multivariate[df_prophet_multivariate.sku == i]
    skuData[i] = {'X': df_i[colnames].values,
                  'y': df_i.weekly_sales.values}

## Decentralized

X_dict = {}
y_dict = {}
```

```
y_test = []
y_train = []

for i in skuSet:
    X_train_i, X_test_i = np.split(skuData[i]['X'], [68]) # split for X
    y_train_i, y_test_i = np.split(skuData[i]['y'], [68]) # split for y
    X_dict[i] = {'train': X_train_i, 'test': X_test_i} # filling dictionary
    y_dict[i] = {'train': y_train_i, 'test': y_test_i}
    y_test += list(y_test_i)
    y_train += list(y_train_i)

## Centralized

X_cen_train = X_dict[skuSet[0]]['train'] # initialization with item 0
X_cen_test = X_dict[skuSet[0]]['test']

for i in skuSet[1:]:
    X_cen_train = np.concatenate((X_cen_train, X_dict[i]['train']), axis=0)
    X_cen_test = np.concatenate((X_cen_test, X_dict[i]['test']), axis=0)
model_cen = LinearRegression(fit_intercept=False).fit(X_cen_train, y_train)
print('OOS R2: ', r2_score(y_test, model_cen.predict(X_cen_test)))
```

然后，我们进行预测：

```
y_pred = []
skuModels = {}

for i in skuSet:
```

```
model_i = OLS(y_dict[i]['train'], X_dict[i]['train'],
        hasconst = False)
skuModels[i] = model_i.fit()
y_pred += list(skuModels[i].predict(X_dict[i]['test']))
print('OOS R2: ', round(r2_score(y_test, np.array(y_pred)), 3))
```

结果如下：

OOS R2: 0.566

如我们所见，与单变量 Prophet 方法相比，将特征变量作为附加预测因子的模型的预测精度显著升高。此外，使用 Prophet 预测值而不是趋势和月度季节性变量似乎可以提高预测精度（0.565 对 0.52）。

接下来，我们将此过程应用于本书前面介绍的模型（所有详细脚本都在 notebooks 中提供）。

总结结果如图 7.6 所示。①

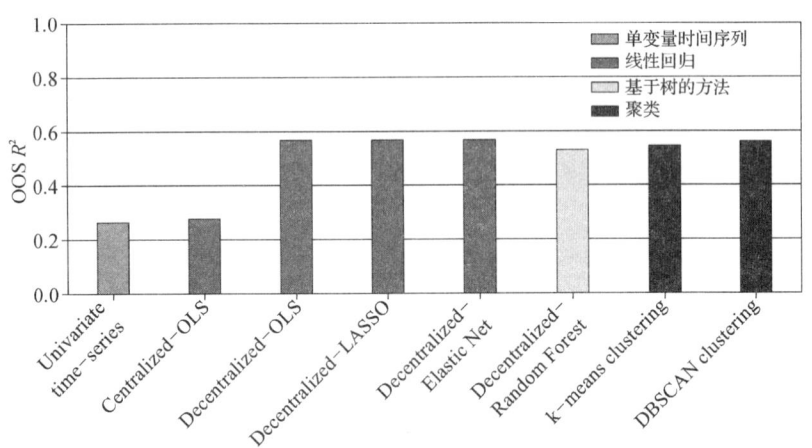

图 7.6　Prophet 方法的预测表现

---

①　k-means 和 DBSCAN 聚类依赖于使用价格和周销量的平均值与标准差。通常情况下，可以将 Prophet 列作为聚类特征之一。

7 更先进的方法

总的来说，我们发现使用 Prophet 生成的列与传统地使用趋势和季节性变量相比有更好的预测表现，在不同的预测方法中，这种预测表现也更稳定。特别是，所有分散式方法产生的 OOS R^2 都在 0.45 和 0.6 之间。

总而言之，Prophet 方法（用于生成时间特征）与我们之前的需求预测模型的结合产生了令人满意的结果。此外，Prophet 方法有助于让我们更好地理解数据的时间变化。最后，这种方法通常可以在具有强时间结构的数据集中取得更好的预测表现，在许多零售环境中经常出现这种情况。尽管 Prophet 方法简单易用，在特定环境和数据集中能获得准确的结果，但它并不总能产生良好的结果。关于这个问题的详细讨论以及几个具体例子可以在最近的一篇博客中找到。[1]

在本节的最后，我们将讨论在一些应用中，大量的时间序列方法经常被用于需求预测这一事实。在本书中，我们没有深入研究时间序列预测这个主题。在文献中可以找到一些关于这个主题的全面的参考资料。[2][3] 进一步说，我们在本书中介绍的方法和传统的时间序列方法在模型中考虑时间维度的方式上有所不同。在我们的方法中，我们通过使用季节性和趋势以及价格滞后变量来考虑时间维度。在时间序列方法中，则是用之前的需求（例如前一周的需求值）作为预测特征。零售业需求预测中使用的时间序列方法包括以下两类（以及许多其他更复杂的方法）：

- 指数方法，例如指数平滑法（即，基于过去值的加权平均值预测

---

[1] https://www.microprediction.com/blog/prophet.
[2] GRANGER C W J, NEWBOLD P. Forecasting economic time series [M]. Salt Lake City: Academic Press, 2014.
[3] MONTGOMERY D C, JENNINGS C L, KULAHCI M. Introduction to time series analysis and Forecasting [M]. Hoboken: John Wiley & Sons, 2015.

未来值，其中权重随时间呈指数下降），而不是简单的移动平均值（其中权重保持不变）。另一种常用方法是 Holt-Winters（也称为三指数平滑），其目的是通过结合趋势和季节性来预测季节性时间序列。

- 自回归滑动平均（ARMA）模型，例如纯自回归模型（使用过去或滞后值预测当前值）、纯移动平均模型（使用先前预测的误差或残差预测当前值）和混合 ARMA 模型。

这些方法的详细实现超出了本书的范围（注意，在开源软件包中可以找到多种实现和库）。然而，我们注意到，上述方法通常仅使用最近一段时间（例如过去一周）观察到的需求值，因此它可能不适用于预测未来较远的几个时期的需求情况。

7.2 数据聚合与需求预测

本节介绍的内容更加先进，描述了一种可以以数据驱动方式自适应平衡数据聚合和分离的方法。请注意，与其他章节相比，本节需要更高级的代码编程水平，以及更多的统计知识。如前所述，每个需求预测模型在实际运用中都可以采用不同的数据聚合方法。在两个极端情况下，我们有集中式方法（即，为所有 SKU 拟合一个联合模型）和分散式方法（即，为每个 SKU 拟合不同的模型）。在第 4 章的末尾，我们介绍了几种折中方法，用于在聚合级别评估某些特征，并在 SKU 级别评估其他特征。从本质上讲，某些特征可能对所有 SKU 的销售产生相同的影响，而其他特征可能对每个 SKU 产生不同的影响。也可能某些特征以同样的方式影响一组（或集群）SKU。在本节中，我们介绍了一种方法，该方法允许我们系统地确定每个特征的正确数据聚合级别（聚合级别、集群级别或 SKU 级别）。这种方法被称为带有聚类的数据聚合

(DAC),是需求预测模型之上的一个附加层。为了说明这种方法,我们将考虑一种简单的线性回归,但它也可以与其他模型结合使用。

最主要的问题是,需求模型的哪些估计系数应在聚合级别(即,联合所有的 SKU)、SKU 级别或集群级别进行估计?此外,对于需要在集群级别估计的系数,正确的聚类结构是什么(即,哪些 SKU 应分组在一起)?DAC 方法旨在为这两个问题提供数据驱动的答案。该方法最近由本书的一些作者开发。有关 DAC 方法及其理论基础的详细信息,请参阅相关文章。[①]

7.2.1 DAC 方法介绍

直观地说,DAC 方法依赖于研究分散式方法的结果,并比较不同 SKU 的估计系数。如果所有 SKU 的特定特征变量(例如价格)的估计系数具有相似的值,则可以假设该特征对所有 SKU 具有相同的影响,因此应在聚合级别估计该特征变量。在这种情况下,我们只需要为该特征估计一个系数。我们称这种类型的特征变量为聚合级特征变量。然而,如果不同 SKU 对某个特定特征的估计系数存在显著差异,那么我们可以得出结论,该特定特征应该在分散级别上进行估计。在这种情况下,我们需要为每个 SKU 估计一个系数。我们称这种类型的特征为 SKU 级特征变量。最后,我们可以识别出某些特定特征的估计系数相似的 SKU 组;这些特征被称为集群级特征。为了比较估计系数,可以进行统计 t 检验并检查其结果 p 值。

DAC 方法的伪代码可以在表 7.2 中找到,此表引自 7.2.1 节最后提及的文章。[①]

[①] COHEN M C, ZHANG R, JIAO K. Data aggregation and demand prediction [J]. Operations Research, 2019, 70 (5): 2597-2618.

表 7.2　DAC 方法的伪代码（摘自上页脚注中提到的文章）

Algorithm 1 DAC

Input：Estimated coefficient $\hat{b}_{i,l}$ and standard error ($\hat{SE}_{i,l}$) for each item i and feature l.

For each feature $l \in D$,

1：Fix an item 1. For all other items $i \neq 1$, compute the p-value based on the null hypothesis $H_{1,i}^0$ that $b_{1,l} = b_{i,l}$ (i. e., the coefficients of feature l are the same for item 1 and item i).
2：If $H_{1,i}^0$ is not rejected for all items, then feature l should be estimated at the aggregated level.
3：If $H_{1,i}^0$ is rejected for some items and validated for others, then feature l should be estimated at the cluster level. We then run a one-dimensional k-means on $\{\hat{b}_{i,l}: 1 \leqslant i \leqslant n\}$ and obtain the resulting clusters $\hat{C}_1, \hat{C}_2, \cdots, \hat{C}_k$.
4：If $H_{1,i}^0$ is rejected for all items, then feature l should be estimated at the SKU level.
5：Obtain the aggregation level for each feature：$\hat{D}_n$, $\hat{D}_s$, and $\hat{D}_c$.
6：Fit an aggregated model to obtain the coefficients $\hat{\beta}$.

Output：(a) Aggregation levels, ($\hat{D}_n$, $\hat{D}_s$, $\hat{D}_c$). (b) Cluster structure, ($\hat{C}_1$, $\hat{C}_2$, $\cdots$, $\hat{C}_k$). (c) Feature coefficients, $\hat{\beta}$.

我们在其中一个 notebook（7/Extensions. ipynb）中提供了 DAC 函数下 DAC 方法的完整实现。在数据集上运行分散式方法后，可以获得每个 SKU 的线性回归及其每个特征的估计系数。然后，DAC 函数将执行以下三项任务：

• 对于每个特征，该函数对分散式线性回归的估计系数进行统计测试，以最终计算相似比（即，具有统计上接近的估计系数的 SKU 比例）。

• 根据相似比，该函数将特征分为三类：聚合、集群和 SKU。

• 然后，该函数以类似于我们在第 4 章末尾所做的方式创建 SKU 和集群固定效果。

最终，上述函数将返回原始数据集的修改版本，每个聚合级特征为一列，有 z 列集群级特征（假设 z 是集群数量），还有 44 列 SKU 级特征。然后，可以使用该数据集简单地应用线性回归（或任何其他模型）进行拟合。

在图 7.7 中，我们说明了三种不同方法中使用的数据集结构：具有价格固定效应的集中式方法、具有聚合季节性的分散式方法和 DAC 方法。

7 更先进的方法

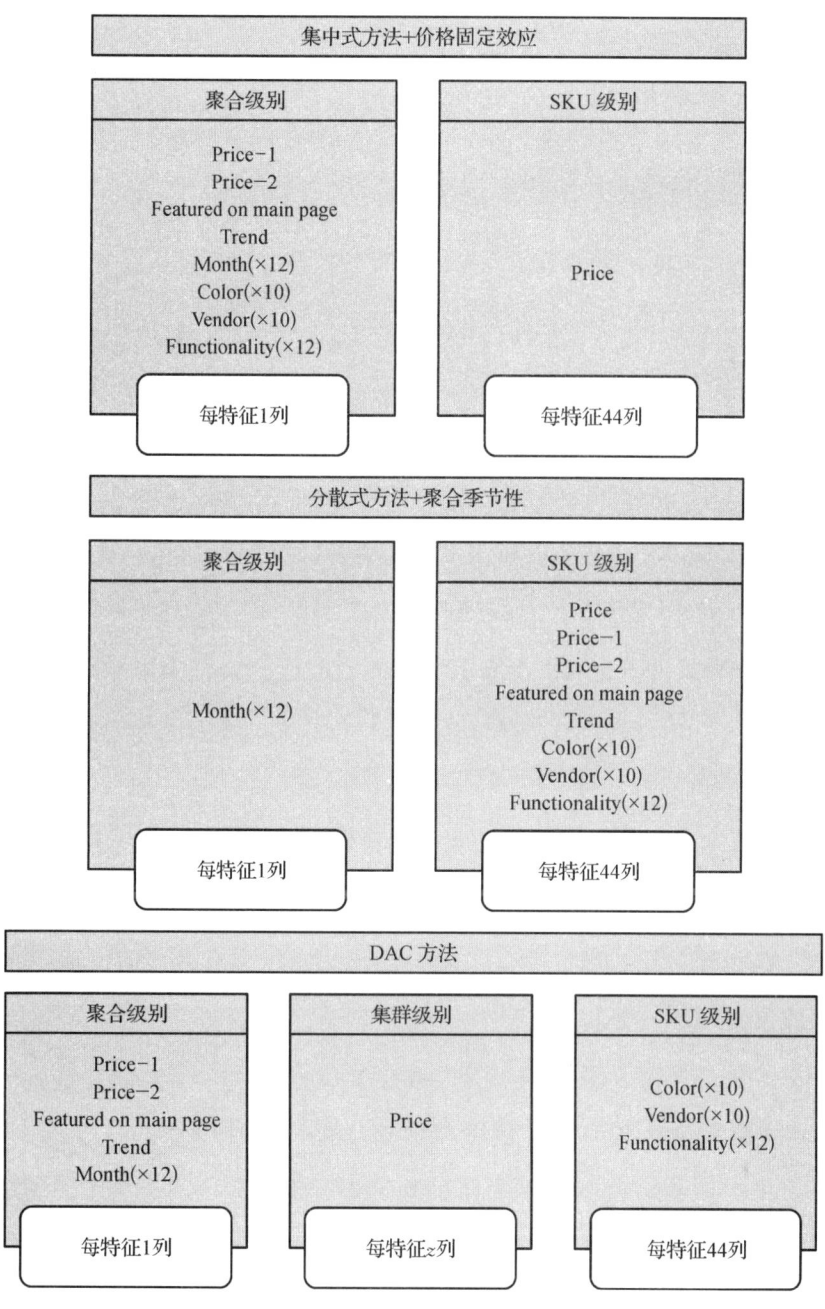

图 7.7 具有价格固定效应的集中式方法、具有聚合季节性的分散式方法和 DAC 方法的数据集结构比较

7.2.2 微调超参数

```
DAC ( theta = 0.01, RU = 0.9, RL = 0.1, num_ clusters = 9,
            print_ structure = False )
```

如我们所见，DAC 函数采用了以下四个设计参数：

• theta：当比较估计系数的值时，它对应于统计显著性的 p 值临界值（通常使用 0.01、0.05 或 0.1）。

• num_clusters：对于在聚类级别识别的每个特征，我们默认使用 k = num_clusters 执行 k-means 聚类。

• RU 和 RL：这些参数表示未拒绝假设比率的阈值。换句话说，参数 RU 和 RL 帮助我们决定是在聚合级别、SKU 级别还是集群级别上对某个特征变量进行估计。具体来说，对于每个特征，我们假设 R 是在统计上具有接近估计系数值的 SKU 的比率。然后，我们进行以下操作：

如果 R>RU，这意味着很大一部分 SKU 具有类似的拟合系数，因此我们决定在聚合级别估计该特征变量。

如果 R<RL，这意味着只有一小部分 SKU 具有类似的拟合系数，因此我们决定在 SKU 级别估计该特征变量。

如果 RL<R<RU，我们将此特征标记为集群级特征。

一旦某个特征被识别为在聚类级别，就可以使用 k-means 方法（或任何其他聚类技术）来识别每个聚类在最终模型中具有不同估计系数的情况。如前所述，聚类数量是模型的超参数之一。需要注意的是，k-means 聚类方法是嵌入在 DAC 函数中的。

微调上述四个超参数的一种可能方法是使用以下简单嵌套循环。对于每个超参数组合，我们使用 DAC 函数生成数据集，拟合线性回归，评估其性能，并将其与当前最佳值进行比较。如果我们获得了性能改进，我们将更新选定的超参数（我们将持续进行此过程，直到覆盖了整个参数值网格）。我们强调，以下代码运行可能需要几分钟（取决于计算环境）。可以考虑缩小可能的超参数范围，以减少运行时间。

```
i = 0
params = []
maximum1 = 0

for upp in [0.7, 0.8, 0.9]:
 for low in [0.1, 0.2, 0.3]:
   for z in [6, 7, 8]:
     for theta in [0.01, 0.05]:
      i += 1
      X_alg_train, X_alg_test, colnames_alg = DAC(upp = upp, low = low, num_clusters = z, theta = theta)
      print('Fitting model ', i, '/54')
      model_0 = LinearRegression().fit(X_alg_train, y_train)
      print('Parameters: ', upp, low, z, theta)
      score = r2_score(y_test, model_0.predict(X_alg_test))
      print('R2 score: ', str(score)[:5])
      if score > maximum1:
       params = [upp, low, z, theta]
       maximum1 = score

print('\nBest Model: ')
print('Parameters: ', params)
print('OOS R2: ', str(maximum1)[:5])
```

微调超参数值的另一种方法是使用交叉验证程序，但可能会增加运行时间（为简洁起见省略）。

接下来，我们将展示上述过程中超参数的最佳值，以及相关模型的预测表现：

```
Best Model:
Parameters: [0.7, 0.2, 8, 0.01]
OOS R2: 0.577
```

如我们所见，DAC 方法不仅提供了良好的样本外预测性能（例如相对于分散式方法，其 OOS R^2 为 0.52，小于 DAC 方法得到的 0.577），而且还使我们对特征的结构有更深入的了解。正如我们接下来将讨论的那样，这些知识最终可以用于运营和战略决策。

7.2.3 DAC 结果说明

从上述模型中，我们还获得了每个特征的相似比 R 和基于 RU 和 RL 值的聚合级别。我们在表 7.3 中展示了我们的五个特征。

表 7.3 价格、滞后价格、主页特推和手机配件变量的相似比率

	Price	Price-1	Price-2	Featured on main page	Mobile phone accessories functionality
R	0.56	0.93	0.91	0.95	0.09
与 RU 和 RL 比较	RL<R<RU	R>RU = 0.8	R>RU = 0.8	R>RU = 0.8	R<RL = 0.2
级别	集群	聚合	聚合	聚合	SKU

如我们所见，DAC 方法可以确定每个特征变量的数据聚合级别，这有助于我们从需求预测动态的角度直观地了解不同 SKU 之间的关系。在我们的数据集中，我们发现价格特征应该在集群级别（8 个集群）进行拟合，而滞后价格（1 周和 2 周）似乎对所有 SKU 都有统一的影响。这表明过去促销的影响是同质的，与 SKU 不相关。

7 更先进的方法

为了进一步检查 DAC 方法的输出结果，我们接下来考虑价格特征及其产生的聚类（表 7.4）：

表 7.4 关于每个价格特征集群的 SKU 统计列表

	集群 1	集群 2	集群 3	集群 4	集群 5	集群 6	集群 7	集群 8
SKU	15	24	32	33	14、29	34	35	所有剩下的 SKU

如前所述，价格特征被确定为应在集群级别进行拟合。更准确地说，该算法为该特征识别了 8 个不同的聚类。虽然 SKU 15、24、32、33、34 和 35 有自己的价格系数，但其他 SKU 与不同的 SKU 共享价格系数。例如，我们发现 SKU 14 和 29 具有相同的价格特征拟合系数。

DAC 方法的优势部分来自其能够识别一组在特定特征（例如价格）方面具有相似动态的 SKU，并能对这组 SKU 的系数进行联合估计。例如，考虑集群 5 的价格特征，其中包含两个 SKU（14 和 29）。在这种情况下，DAC 方法将通过使用包含两个 SKU 数据的训练集来估计集群 5 的价格系数（而不是训练两个线性回归模型、每个线性回归模型的数据量较小）。

在我们的案例中，DAC 方法似乎优于我们考虑的其他几种方法。此外，可以将这种技术应用于非线性模型（例如随机森林）中。大多数情况下，人们无法事先知道需求模型中每个特征的正确聚合级别。与测试和比较所有可能的组合相比，DAC 方法提供了一种系统的方法来确定每个特征的最佳聚合级别。因此，它可以节省时间，同时还可以提供关于不同 SKU 之间关系的有用信息。

8

结论与拓展话题

本书旨在为零售商提供完整的需求预测过程的参考。我们讨论了需求预测所涉及的全部步骤，从收集、预处理和理解数据到评估和可视化预测结果。在此过程中，我们提出了零售环境中几种常用的需求预测方法。在每个步骤中，都包含了相关的代码和实现细节，以展示如何运用历史数据来预测未来需求。我们还深入讨论了数据驱动环境中的一些重要的实际注意事项。我们相信，阅读本书后，读者将有能力应用所学知识，在他们感兴趣的零售环境中进行需求预测。更准确地说，本书对那些能够获得历史销售数据并有兴趣预测产品未来需求的零售商是有用的。

本书中介绍的工具和方法可以应用于多种零售环境（包括在线和实体）。特别是，大多数概念与零售商类型无关，可以应用于大多数垂直行业，包括时尚、电子产品、杂货和家具等。当然，根据业务环境和收集到的数据类型，可能需要进行一些调整。然而，本书中介绍的内容可以作为掌握基本思想并学习实现需求预测的常用方法的起点。

同时，本书的内容并不详尽，也没有涵盖需求预测背景下的更多高级主题。接下来，我们将简要讨论几个本书范围之外的话题，请读者自行参考相关文献。

- 深度学习方法

鉴于深度学习和神经网络最近在众多应用中取得的成功，这些方法也被应用于零售业的需求预测中就不足为奇了。虽然深度学习方法在某些情况下可以产生良好的预测精度，但在其他情况下也可能表现不佳。通常，预测表现将取决于可用数据量。对于具有巨大交易速度和交易量的大型零售商，可能值得考虑深度学习方法（例如人工神经网络、变换方法）。然而，对于较小规模的环境（如本书附带的数据集），由于数据相对匮乏，此类方法往往表现不佳。最后，与本书中介绍的方法相比，这些方法往往缺乏可解释性。有关深度学习的一般介绍，请参见 Goodfellow 等人的著作。[1] 关于将深度学习应用于零售业需求预测，请参见 Husna 等人的文章。[2]

- 迁移学习

机器学习的最新进展包括迁移学习和领域自适应的概念，其中针对特定任务开发的模型被用作不同任务模型的起点。在零售环境中，我们想到了几种可以使用这种技术的实例。第一个例子是跨多个商店使用迁移学习。例如，在开设数据可用性有限的新门店时，可以将来自不同门店的数据用作起点。第二个例子是在在线和离线渠道之间使用迁移学习。总的来说，这些技术更加先进，在零售环境中也非常有用。[3]

- 新型数据

如本书所述，需求预测的一个重要部分是识别（或构建）正确的预测特征集。我们介绍了几个基本特征，如价格和季节性。当然，可以利

---

[1] GOODFELLOW I, BENGIO Y, COURVILLE A. Deep learning [M]. Cambridge：MIT press，2016.

[2] HUSNA A, AMIN S H, SHAH B, 2021. Demand forecasting in supply chain management using different deep learning methods [M] //TAGHIPOUR A. Demand forecasting and order planning in supply chains and humanitarian logistics. Hershey：IGI Global，2021：140-170.

[3] PAN S J, YANG Q. A survey on transfer learning [J]. IEEE Transactions on Knowledge and Data Engineering，2009，22 (10)：1345-1359.

用大量其他特征变量（例如促销信息、货架上 SKU 的位置）。除了内部数据特征外，还可以利用外部数据源。例如谷歌趋势、社交媒体数据和新闻文章中的关键词。例如，杂货零售商可以监控社交媒体活动以及与食谱相关的关键词的搜索趋势，然后，这些特征可用于预测与流行趋势相关的产品需求。一些数据供应商提供了收集此类外部数据的帮助。一个具体的例子是使用社交媒体数据（例如 Twitter，现名 X）。① 另一个例子是使用消费者评论或建议。② 最后一个例子是使用竞争对手的数据（例如通过监控竞争对手的网站或从数据供应商处购买聚合指数）。当然，在不同情况下引入外部数据特征并不一定有助于提高需求预测精度。在这种情况下，必须强调数据泄漏问题，即使用训练数据集之外的信息来估计预测模型的情况。③ 当使用价格作为预测特征时，需要确保价格值能够提前获得以便预测未来需求。同样，在使用外部特征时，检查这些特征在模型训练时是否已知至关重要。例如，不能使用（商店或网站上的）实时流量来预测当前需求。

- 数据审查

需求预测方面的另一个高级话题是数据审查。对于库存水平有限的情况，观察到的销量与需求不同。例如，假设零售商有 50 件可供出售的 T 恤。如果我们观察到销量等于 50，那么很可能需求高于 50（即，一些客户有兴趣购买该商品，但由于库存有限而无法提供服务）。在这种情况下，盲目使用销售数据来估计需求将在预测值中引入偏差。目前

---

① GAIKAR D, MARAKARKANDY B. Product sales prediction based on sentiment analysis using twitter data [J]. International Journal of Computer Science and Information Technologies，2015，6（3）：2303 - 2313.

② CHEN P Y, WU S Y, YOON J. The impact of online recommendations and consumer feedback on sales [J]. ICIS 2004 Proceedings，2004：711 - 724.

③ https：//machinelearningmastery.com/data-leakage-machine-learning/.

已有几种方法来解决这个问题。不过,在许多情况下,缺货事件并不会频繁发生,因此数据审查并不是一个关键问题。有关此话题的更多详细信息,请读者参阅最近的学术文献。①②③ 这项工作与离散选择模型相关,该模型旨在模拟客户如何在多个产品备选方案中进行选择。从高层次来看,离散选择模型根据各种产品的特征预测客户购买某一特定产品(来自相关产品类别)的可能性。④

• 新产品

一个值得思考的问题是:如何预测新产品的需求。在缺乏数据的情况下,本书中讨论的所有方法和途径都是徒劳的。不幸的是,这个问题没有标准答案。相反,已开发的几种方法的预测表现在很大程度上取决于现实环境。这个问题对于不断更新其产品组合的零售商(例如快速时尚零售商)来说更为重要。⑤⑥⑦ 接下来,我们将讨论解决该问题的两

---

① KÖK A G, FISHER M L. Demand estimation and assortment optimization under substitution: methodology and application [J]. Operations Research, 2007, 55 (6): 1001-1021.

② VULCANO G, VAN RYZIN G, RATLIFF R. Estimating primary demand for substitutable products from sales transaction data [J]. Operations Research, 2012, 60 (2): 313-334.

③ SUBRAMANIAN S, HARSHA P. Demand modeling in the presence of unobserved lost sales [J]. Management Science, 2020, 67 (6): 3803-3833.

④ BEN-AKIVA M, LERMAN S R. Discrete choice analysis: theory and application to travel demand [M]. Cambridge: MIT press, 2018.

⑤ KHAN K B. An exploratory investigation of new product forecasting practices [J]. Journal of Product Innovation Management, 2002, 19 (2): 133-143.

⑥ HU K, ACIMOVIC J, ERIZE F, et al. Forecasting new product life cycle curves: practical approach and empirical analysis [J]. Manufacturing & Service Operations Management, 2019, 21 (1): 66-85.

⑦ BAARDMAN L, LEVIN I, PERAKIS G, et al. Leveraging comparables for new product sales forecasting [J]. Production and Operations Management, 2018, 27 (12): 2340-2343.

种可能的简单方法（还存在几种更复杂的方法）。第一种方法是识别与新产品类似的其他产品，并将其数据作为起点（例如不同颜色的同一产品、上一代智能手机）。第二种方法有些类似，即依赖聚类方法。可以根据不同产品的属性（例如颜色、供应商、尺寸、价格）对其进行聚类。然后，将新产品分配给特定集群，该集群的需求预测模型可以作为起点。当然，随着为新产品收集的数据越来越多，这些数据可以战略性地合并（例如通过迁移学习）。

- 预测区间

本书中介绍的所有方法都认为预测值是点估计（例如我们预测每个 SKU 和每周的平均需求值）。在实践中，这些点估计自然存在不确定性。因此，通常需要通过计算预测区间来描述这种不确定性，而不是依赖单一的点估计。更准确地说，预测区间是对未来观测结果将落入其中一个区间的概率估计。对于 OLS 等特定方法，可以形式化地描述出结果预测区间。[1]

- 内生性

最后一个值得一提的话题是内生性。虽然这个问题与计量经济学（和因果推断）的关系比与预测的更密切，但它通常在需求建模的背景下讨论。内生性是指解释变量与（未观察到的）误差项相关的情况。在这种情况下，当使用 OLS 回归时，系数的估计将有偏差。为了获得一个很好的示例以及关于这个话题的更多细节，我们请读者阅读相关文献。[2] 计量经济学的大量工作集中于开发解决此问题的方案。一种常见

---

[1] http://web.vu.lt/mif/a.buteikis/wp-content/uploads/PE_Book/3-7-UnivarPredict.html.

[2] https://towardsdatascience.com/endogeneity-the-reason-why-we-should-know-about-data-part-i-80ec33df66ae.

的策略是识别和使用辅助变量以及应用两阶段最小二乘回归。同样，这个问题对于非正式解释比对于预测更重要，因此大多数预测需求模型往往忽略了内生性问题。①②

既然我们知道了如何使用历史数据预测未来需求，那么下一步是什么？答案很简单：从预测分析转向规范分析。最终，零售商往往希望根据历史数据做出尽可能最佳的运营决策。他们能够准确预测需求具有几个实际意义。首先，零售商可以使用预测的需求值来决定库存补充策略。例如，如果他们预计促销活动会带来巨大的需求增长，他们可以战略性地调整库存水平。同样，如果零售商有多个门店，则对每个门店的需求预测可以帮助其将（来自中央仓库的）库存分配给不同的门店。其次，需求预测模型可以用作优化未来价格和促销的输入。③④⑤ 第三，零售商还可以使用需求预测来指导产品组合决策（即，在其商店中提供哪些产品）和平面图安排（即，在货架上放置产品的位置）。第四，有时可以使用需求预测模型来模拟不同潜在"假设"策略（例如即将到来

---

① ANGRIST J D, PISCHKE J S. Mostly harmless econometrics：an empiricist's companion [M]. Princeton：Princeton University Press，2008.

② ANGRIST J D, GRADDY K, IMBENS G W. The interpretation of instrumental variables estimators in simultaneous equations models with an application to the demand for fish [J]. The Review of Economic Studies，2000，67（3）：499 - 527.

③ COHEN M C, LEUNG N H Z, PANCHAMGAM K, et al. The impact of linear optimization on promotion planning [J]. Operations Research，2017，65（2）：446 - 468.

④ COHEN M C, KALAS J J, PERAKIS G. Promotion optimization for multiple items in supermarkets [J]. Management Science，2021，67（4）：2340 - 2364.

⑤ FERREIRA K J, LEE B H A, SIMCHI-LEVI D. Analytics for an online retailer：demand forecasting and price optimization [J]. Manufacturing & Service Operations Management，2016，18（1）：69 - 88.

的促销活动）的效果。无论具体应用如何，能够准确预测需求可以为零售商提供显著的竞争优势，并最终提高其利润。最后，虽然本书的重点是预测，但从商业角度来看，有时参数估计本身也很有用。例如，一些需求预测模型可用于计算需求的价格弹性，这衡量了需求水平对价格的敏感程度。这样的知识有助于使我们更好地了解客户的行为，并最终设计出正确的定价和促销策略。总而言之，需求预测可以被视为数据驱动企业文化的第一块基石，为改善运营和战术决策开辟了多条途径。